I CHING
O Oráculo Chinês

Mito e História

Sobre o autor

Ezéchiel SAAD (Buenos Aires, 1943) elabora um pensamento racional a partir da inspiração e da intuição. É o caminho seguido pelo xamã, pelo artista ou pelos pensadores ligados aos mitos universais e aos filósofos pré-socráticos. Assim, não é estranho que ele tenha descoberto no pensamento chinês um trajeto comparável ao das numerosas tentativas ocidentais de síntese filosófica. O autor publicou até aqui várias coletâneas de poemas de tiragem limitada e expôs desenhos e pinturas numa série de exposições particulares (em Paris, Tóquio, no México, em São Francisco e Madri). Mas, sobretudo, dedica grande parte de sua vida ao ensino, às conferências e à pesquisa sobre o oráculo do *I Ching, Cânone das Transformações*, que aprofunda a partir de 1965. Depois de ter estudado por mais de dez anos a meditação e a filosofia junto a mestres japoneses e chineses nos Estados Unidos, no Japão (temporada de estudos) e na França, ele viajou por quatro vezes à China e ao Sudeste da Ásia. Recentemente, em 1989, fundou em Paris a Taoteca, coleção de obras, registros fotográficos, sonoros e em vídeo sobre o Caminho (Tao) que, iniciado na Índia e na China, não cessa de comover os espíritos sensíveis em todo o mundo.

O autor foi convidado por numerosos centros de estudos, universidades e grupos pluridisciplinares a comentar, ilustrar e ensinar o *I Ching*: Radio France, Maison des sciences de l'homme, Centre Georges-Pompidou, Université populaire de Paris, Université holistique, Energies et connaissance de soi, Centre d'études tibétaines, Association Zen internationale, L'Homme et la Connaissance, International Yoga Institute, Ministère français de la Recherche, CEE (Marché commun à Bruxelles), Institut belge des Hautes Études chinoises, Le Chemin internationnal, Institut für Psychosymbolik (Munique), Centro cultural San Martin (Buenos Aires), etc. É também autor do livro *Yi King, l'oracle chinois, Hasard et Intuition*, publicado na França em 1990.

EZÉCHIEL SAAD

I CHING
O Oráculo Chinês

Mito e História

Prefácio
VINCENT BARDET

Tradução
MARIA STELA GONÇALVES

EDITORA PENSAMENTO
São Paulo

Título do original:
Yi King
L'Oracle Chinois
Mythe et Histoire

Copyright © 1989 Ezéchiel Saad.

Edição
1-2-3-4-5-6-7-8-9-10

Ano
91-92-93-94-95

Direitos de tradução para o Brasil
adquiridos com exclusividade pela
EDITORA PENSAMENTO LTDA.
Rua Dr. Mário Vicente, 374 - 04270 - São Paulo, SP - Fone: 272-1399
que se reserva a propriedade literária desta tradução.

Impresso em nossas oficinas gráficas.

SUMÁRIO

PREFÁCIO

O trabalho de Ezéchiel Saad situa-se explicitamente na linhagem da imensa tarefa do pioneiro Richard Wilhelm, descobridor e tradutor do *I Ching* no Ocidente.

A viagem à qual convida o leitor tem início no fabuloso conjunto dos templos em parte troglodíticos de Maoshan, símbolo e berço geográfico — *axis mundi* — da preservação e da transmissão da sabedoria sagrada — e, à primeira vista, secreta — do *I Ching*.

Remontando às origens desse método divinatório surpreendentemente complexo e pertinente, o autor começa por nos transportar aos tempos míticos do imperador Fu Xi e do rei Wen, fontes de dois tipos de interpretação complementares. Ele indaga pacientemente as raízes xamânicas do pensamento oracular chinês e escruta com atenção o seu bestiário, real ou lendário.

Vem em seguida uma clara exposição do sistema antropológico característico do *I Ching*, do qual se diz ser ao mesmo tempo anatômico e simbólico, relacionado com a medicina tradicional, constituindo uma alquimia do bem-estar. A chave desse bem-estar reside num trabalho sobre a harmonia dual do sopro, assim como na união entre a imobilidade meditativa e a ação, adequadamente integradas ao fluxo, aos ritmos e aos batimentos do cosmos circundante.

Se seguiu o autor nesse percurso iniciático, o leitor é capaz agora de indagar com ele a própria significação do dispositivo oracular e, ao mesmo tempo, misteriosamente, de aprender a conhecer-se a si mesmo no âmbito do reflexo dos fenômenos exteriores e do curso ininterrupto da experiência interior.

A leitura infinita, o cerco encarniçado ao qual Ezéchiel Saad se entregou durante vinte anos, permitem-lhe apresentar vários exemplos esclarecedores de sínteses temáticas correntes, como o azougue no círculo perfeito dos sessenta e quatro hexagramas. São examinadas assim a relação com a temporalidade, ou com a noção de incerteza, e, talvez de modo mais humano, a problemática do guerreiro, tão importante nas inquietudes metafísicas deste nosso final de milênio.

Além do prazer intelectual de decifrar os arcanos lógicos de um método divinatório altamente sofisticado, o avanço no trajeto multidimensional desta obra aberta — o *Cânone das Transformações* segundo Ezéchiel Saad — proporciona ao leitor a intuição penetrante de que o *I Ching* oferece um instrumento cognitivo de extrema importância, puro diamante do Tao, para abordar a nova era planetária.

Vicent Bardet   Genryu Taizen
Paris, 15 de janeiro de 1989.

DO AUTOR AO LEITOR

Os chineses inventaram a bússola para se orientarem no espaço; para se nortearem na vida, saberem como, quando e onde é preciso agir, criaram o *I Ching*. Nossos primeiros passos no âmbito do *I Ching*, bem como na direção da cultura chinesa, deixam-nos entrever um mundo repleto de tradições, transbordante de invenções e de realizações; trata-se dos vestígios das gerações. O tema é vasto e de difícil apreensão, sobretudo pelo seu modo de transmissão e pelas características da língua chinesa.

O interesse que impele ao estudo do *I Ching* como guia da nossa vida costuma chocar-se com o dilema de nunca se saber o suficiente acerca do pensamento da China, e, embora o nosso modo de apreender o *Cânone das Transformações* seja diferente do da cultura chinesa em seu conjunto, é verdade que as informações referentes a esta última são indispensáveis para que nós o interpretemos. Independentemente da nossa própria experiência do oráculo, é do passado da China que extraímos informações complementares ao *I Ching*, e, de maneira inversa, é no *I Ching* que encontramos dados sobre a história e os mitos chineses.

Essas informações permitem que se conheçam o teor de uma imagem exemplar e a evolução técnica ou cultural da época. É surpreendente a dimensão simbólica que elas revelam, levando-se em conta o fato de responderem pelo oráculo à nossa problemática a partir da sua realidade histórica e mítica. A segunda linha do hexagrama 25, A inocência, diz, por exemplo:

Se, ao trabalhar, não se pensa na colheita
e se, ao amanhar a terra, não se pensa no uso
que se fará do campo,
é proveitoso iniciar alguma coisa.

Wilhelm

Henri Maspero deduz disso que, por volta do século VIII a.C., se praticava a cultura por amanho temporário e se considerava uma sorte obter uma colheita no segundo ou terceiro ano, "isto é, pleno rendimento do amanho, sem necessidade do esforço anterior de amanhar o terreno" (cf. *Le Taoïsme et les religions chinoises*).

Portanto, o estudo do *I Ching* coloca-nos diante dos seus mitos e de sua escrita, cujo afastamento com relação ao nosso modo atual de vida obstrui nosso acesso a ele. Perguntamo-nos com apreensão que espaço conceder a essa pesquisa no âmbito da nossa vida agitada. Com certeza, faltar-nos-á tempo para captarmos todos os seus dados... a menos que sejamos primeiro elevados ao nível dos imortais. O *I Ching*, fermento do que se tornaram o taoísmo, o confucionismo, o budismo e o Ch'an (Žen no Japão), não nos tragará, paradoxalmente, numa tamanha avalancha de componentes?

Como algumas de suas sentenças oraculares são fragmentos da história dessa cultura milenar, concentrar-se numa delas pode, em função da polissemia dos ideogramas, afastar-nos do essencial, como se a síntese que elas em conjunto compõem, ou que as inspirou, dependesse de algo encontrado antes na transmissão oral e na impregnação do que nos livros. É evidente que a compreensão da civilização chinesa também não reside na soma das informações que estão ao nosso alcance.

Não perdi de vista esse problema em nenhum momento da redação deste livro. Meu trabalho não é exaustivo e, dada a complexidade do *I Ching*, não poderia sê-lo. Ele visa instaurar uma harmonia entre o escrito e o vivido. Trata-se, sem dúvida, de um objetivo difícil, levando-se em conta que o vivido sempre recorre às imagens, às sensações e a um tipo de síntese mais simultânea do que diacrônica, que não é expressa com facilidade pelas palavras ou pelo verbo. Eis a razão pela qual, para impulsionar a comunicação desta pesquisa, na concepção do universo do *I Ching*, no entrelaçamento de suas noções e de suas bifurcações, preferi manter apenas as formas indispensáveis à sua atualização e à sua compreensão mais imediata. Com efeito, é possível teorizar sobre o *I Ching* a partir de múltiplas bases; minha teorização provém daquilo que pus em prática.

Por um lado, houve a busca de autenticidade através da meditação e das práticas do Ioga e do Zen, o contato com alguns de seus mestres nos Estados Unidos, na França, no Brasil, no México e, durante uma temporada de estudos entre 1971 e 1972, no Japão, sem esquecer as viagens ao Sudeste da Ásia, à China, e uma recente estada no Japão; por outro lado, as consultas ao oráculo, a filologia, o estudo comparativo das religiões e as práticas da circulação energética taoísta.

Percorri todo esse périplo acentuando a minha concentração e escrutando os fenômenos, os seres e as coisas através de uma "grade" que era rigorosa (em função do ordenamento dos hexagramas) e lúdica (por causa da consulta ao oráculo).

Dadas todas essas influências, pude abordar a visão chinesa da energia e conhecer os seus ritmos, os seus ciclos interligados e as suas práticas destinadas a captá-la e a desenvolvê-la, evitando passar, por uma assimilação demasiado prematura, das analogias que lhe são características às que provêm de um cômodo sincretismo esotérico.

Por outro lado, embora o papel do *I Ching* não seja fundamental na transmissão espiritual do budismo e o *Cânone das Transformações* não receba quase nenhuma legitimidade deste último, no meu caso foi através da meditação do Ch'an e do Zen, do zazen e dos seus agregados que se tornou possível a depuração própria da autenticidade e do aprofundamento do caminho oracular.

A necessidade de autenticidade é e sempre será a melhor maneira de buscar e redescobrir os valores imutáveis, assim como os limites do nosso ego diante do infinito. Contrariamente ao budismo, essa preocupação não se inscrevia no quadro inicial da alquimia taoísta, que, antes de explorar a alquimia interior digna do mais alto interesse, começou pela busca da imortalidade e pela fabricação do ouro, sendo marcada por uma mácula da qual, a despeito de todos os seus esforços, não pôde se livrar. Henri Maspero exprime-o do seguinte modo: "O que ele (o taoísmo) tinha como objetivo era a salvação individual dos fiéis." Essa salvação, contudo, está longe da generosidade enaltecida pelo budismo primitivo, recuperado em seguida pelo *mahayana* (Grande Veículo), que amplia o círculo de sua afeição para com os seres e as coisas, e, à sua maneira, é tão humanista quanto o pensamento cristão original. Na realidade, acrescenta Maspero, a salvação do taoísmo "não era concebida como uma imortalidade espiritual depois da morte, mas como uma imortalidade material do corpo. Essa idéia da imortalidade corporal arruinou o taoísmo, porque o levou a mergulhar em inumeráveis práticas de medicina, de higiene e de alimentação, todas voltadas para a perduração do corpo e todas fastidiosas, dispendiosas, amiúde difíceis e pouco compatíveis com a vida no mundo" (cf. *Le Taoïsme et les religions chinoises*).

Mencionaremos aqui uma opinião semelhante, a de Marcel Granet: "Doutrina sectária cujo objetivo principal é a busca do poder pessoal, ele (o taoísmo) costuma animar grandes movimentos de fé e presidir a renovações religiosas; seu destino normal é fornecer práticas de iluminação às almas místicas e ao povo a ajuda da magia" (cf. M. Granet, *La religion des Chinois*). Não obstante, pode-se pensar que "essa atitude (a vida longa ou a vida eterna) não decorre do egoísmo, mas do seu misticismo; trata-se de místicos persuadidos de que, ao promoverem sua salvação pessoal, trabalham não apenas para o bem maior dos homens como também para o de toda a natureza" (M. Kaltenmark, *Le Taoïsme religieux*). Essa polêmica expressa pelos diversos especialistas em taoísmo e em civilização chinesa — aí incluído o que diz respeito à nossa própria experiência com os mestres taoístas encontrados na China e fora dela — enfatiza sucintamente os perigos inerentes ao misticismo do Tao.

Um oráculo sem interditos

E foi assim que, inspirado pela "abertura" dos círculos cada vez mais amplos da meditação, bem como pela do conhecimento em sua dimensão universal e temporal, aprendi a identificar-me com a linguagem das *mutações* e com a totalização em mandala por elas sugerida, tomando o caminho que é oferecido a todo ser humano. Trata-se do caminho de uma consciência fundada na unidade das formas em transformação, um caminho de lucidez diante do acaso que às vezes produz coincidências cintilantes no horizonte cotidiano que, fora das nossas próprias formas perecíveis, leva ao despertar. Nisso, o *I Ching* implica um forte movimento da sensibilidade e uma concentração para dirigir os esforços ao vivido. O fato de que, por essas disposições, o resultado consiste num retorno às origens — isto é, a uma tomada de consciência do(s) mito(s) —, na contemplação posterior das variáveis e das invariáveis no fluxo do tempo, bem como na prática circulatória do sopro e da energia sexual, reúne, à maneira das pequenas cordas de uma rede, a trama do saber e da intuição, da filosofia e do oráculo.

Os próprios gregos antigos aspiravam a encontrar essa meada, o mesmo acontecendo, e de modo particular, com Platão, contemporâneo do geômetra e da pítia de Delfos. Sem falar de Aristóteles, que, consciente a um só tempo das normas celestes e imutáveis e das transformações daqui de baixo, ignorava, por sua vez, que formulações desse tipo existissem num sistema como o dos sessenta e quatro hexagramas. Nos dois casos, houve uma ressonância entre a China e a Grécia, a ressonância dos batimentos do coração que conduz aos batimentos do pensamento. São numerosos os pensadores que desconheceram a existência desse sistema. Há muitas obras que o evocam em detalhes (pensamos, por exemplo, em Kepler), sem que os próprios autores tivessem consciência disso (exceto o brilhante Leibniz); pois o *I Ching* não é uma compilação de outros livros ou de caminhos a serem buscados, mas um livro de referência cujo traçado é um caminho que se encontra por si mesmo e em si mesmo.

Na China, o *I Ching* é estudado nas pulsações da vida, no corpo, no Céu e na Terra. Foi assim que, tendo sido revelado o sistema, os chineses observaram os fenômenos para compreenderem o *I Ching* e para o aperfeiçoarem constantemente. Para eles, o oráculo nunca foi, ao contrário da tradição judeu-cristã (muito crítica diante do oráculo egípcio), esse substituto que arranca de Deus uma resposta sobre o futuro, resposta que o próprio Deus teria desejado manter em segredo ou conceder mais tarde. Como o acaso, ele é um enigma pelo qual se penetra na consciência do vir-a-ser, conjugado ao presente, até o ato ou a palavra que encaminha para o que se denomina o Tao. Entre as acepções deste último — caminho, abrir um caminho, a conduta a manter —, a menos citada e, não obstante, a de maior reconhecimento implícito é a de *caminho à frente*. O oráculo é justamente a instância que descreve esse caminho à frente no quadro de uma transformação e de seu vir-a-ser, o caminho da ascensão cujo alvo é o Tao.

Mas, por mais numerosas que sejam as transformações (espirituais, cósmicas ou fisiológicas), só conservamos as que convergem para o nosso corpo e para a nossa consciência. Segundo o taoísmo, os trigramas e os hexagramas são, em primeiro lugar, as idéias-mãe dos órgãos, e, em seguida, como no oráculo, as alternativas de uma energia que acompanha tanto as transformações cósmicas e sazonais como as do nosso destino. As alternativas dos hexagramas existem para escolhermos uma orientação, para corrigirmos nosso destino, mas também para cuidarem, através da interdependência, da maneira pela qual os órgãos comunicam a energia uns aos outros ou se inter-relacionam para subsistirem em conjunto.

Por conseguinte, a missão do oráculo consiste em revelar-nos os sinais que balizam nossa trajetória rumo ao Tao, do mesmo modo que, de um ponto de vista fisiológico, a função dos órgãos do corpo é a de se regularem e assegurarem a saúde. De oráculo em oráculo, de meditação em meditação, de retenção do sopro em exalação e de contração dos órgãos em dilatação, recompomos o corpo espiritual, tal como se reconstituiria uma flor a partir de uma pétala. Cada alternativa do oráculo desencadeia, de forma simultânea, uma excitação energética e a lucidez necessária à apreensão das transformações e de suas correlações. Como veremos com freqüência, os sessenta e quatro hexagramas possuem a virtude oculta de estimular o aparecimento das alternativas e de nos restaurar pela experiência das coincidências. Como a seiva de uma árvore do conhecimento (e pensamos no antigo Ginkgo Biloba, a árvore da tradição chinesa), ele continua a vivificar-nos para além do tempo e do espaço.

HOMENAGEM A LAO NAÏ SOUAN
(1843-1921)

Em 1913, em Tsing Tao, Richard Wilhelm, missionário protestante apaixonado pela civilização chinesa, teve um sonho estranho. Sonhou que um velho homem de olhar amigável e barba branca foi visitá-lo. O desconhecido apresentava-se com o nome de "Montanha Lao" e propunha-se a iniciá-lo no mistério da "antiga montanha". O missionário inclinou-se diante dele e agradeceu-lhe. Nesse ínterim, o velho desapareceu e Wilhelm despertou.

Pouco tempo depois desse curioso sonho, o governador Chou Fu, que considerava Wilhelm um amigo da família, fez-lhe a seguinte proposta: "Vocês, europeus, só abordam a cultura chinesa de modo superficial. Nenhum de vocês compreende a sua significação real nem a sua profundidade, e isso simplesmente porque nunca entram em contato com os verdadeiros mestres chineses. Os eruditos da cidade que são seus professores não entendem, por seu turno, mais do que o invólucro. Não surpreende, portanto, que sejam ensinadas na Europa tantas futilidades acerca da China. Se eu lhe conseguir um professor cujo pensamento se enraíza no espírito e que o inicie em sua síntese, o senhor será capaz de traduzir todo tipo de coisas e de escrever outro tanto, de tal sorte que a China não se envergonhe mais diante do mundo."

Wilhelm ficou muito feliz. Chou Fu escreveu uma carta ao professor e preparou-lhe um alojamento num dos imóveis da comunidade germânica de Tsing Tao. Algumas semanas depois — isso ocorreu antes que as nuvens sombrias da guerra se acumulassem —, o mestre chegou, acompanhado pela família. Seu nome, Lao, provinha do seu lugar de origem, o Monte Lao. Ele tinha setenta anos e, traço por traço, assemelhava-se ao velho que visitara Wilhelm em seu sonho. A partir desse instante, os dois homens tornaram-se amigos. Wilhelm foi iniciado nos "mistérios da antiga montanha", devendo-se à sua amizade a prestigiosa versão do *I Ching* concluída em doze anos.

Esse sonho premonitório dizia, em suma: no caminho à frente, dois homens predestinados um para o outro se encontram e seu trabalho é magnífico. Por que essa escolha recaiu sobre Richard Wilhelm? Por um dom e por uma graça. É pequena a probabilidade de um indivíduo encontrar aquele que viu em sonho. Pergunta-se por que não nos faz avançar na compreensão do fenômeno. Contudo, nesse caso e no do *I Ching* em geral, o que importa é a experiência vivida das afinidades pessoais e dos laços espirituais do Universo. Assim, quando dialogamos com o *I Ching*, devemos penetrar em seu alvo de contemplação das "significações" relacionando-o com a estrutura dos próprios sessenta e quatro hexagramas; talvez então possamos compreender os porquês. Ao abordarmos o *I Ching*, a maneira pela qual investigamos a natureza dos fenômenos ou de nós mesmos deve transformar-se radicalmente.

Além disso, sabemos que Lao Naï Souan uniu, em seu ensinamento, o saber científico e técnico contemporâneo aos seus conhecimentos dos princípios do confucionismo e dos pensadores neoconfucionistas da época Song (960 d.C.), bem como aos dos Cinco Mestres — Zhou Dunyi, Shao Yong, os irmãos Cheng e, em particular, Zhu Xi, o mais importante deles.

Em 1927, Hsueh-P'u, um de seus discípulos chineses, relatava que, além dos poemas e dos ensaios críticos sobre o pensamento chinês, ele dedicou nada menos de sete tratados aos problemas matemáticos da China antiga. A versão do *I Ching* que nos transmitiu testemunha um espírito perspicaz e moderno. O fato de viver numa região submetida à influência ocidental permitiu-lhe tornar sua linguagem e seu modo de pensar acessíveis aos ocidentais. Foi assim que, pela primeira vez, estes puderam abordar essa sabedoria (um "grande método") que nunca transpusera de fato a "grande muralha" dos mal-entendidos. No prefácio de sua versão, Wilhelm evoca a exaltação das horas dedicadas à tradução do *Zhou-I-Che Chung*, o *Cânone das Transformações* da dinastia dos Zhou, o livro que se tornou autoridade na China. Ele conta nesse prefácio que retraduziu para o chinês a versão final redigida em alemão, a fim de que Lao Naï Souan pudesse assegurar-se da transmissão fiel do seu pensamento. Ela completa as versões francesa e inglesa do *I Ching*: a de Philastre, P.L.F., *Le Yi King ou le Livre des Changements de la dynastie des Tsheou* (Annales du musée Guimet, Paris, 1881), a de James Legge, *The "I Ching", the Book of Changes* (The Sacred Books of the East, Oxford, 1899) e a de John Blofeld, *The Book of Change* (Allen and Unwin, Londres, 1968). Se temos o *I Ching* entre nós é graças a todos esses esforços harmoniosos para adaptar sua poesia e sua concepção teórica à compreensão da nossa civilização.

Alguns esclarecimentos sobre a nossa pesquisa

Foi através da versão de Richard Wilhelm e Lao Naï Souan que descobrimos o *I Ching*. O espírito do texto, sua forma de relacionar-se com a natureza, suscitaram nosso interesse pela civilização chinesa em todos os seus aspectos. Com isso, tivemos acesso a diferentes traduções do *Cânone das Transformações*, em várias línguas. Contudo, em nossa opinião, o único ponto de referência continua a ser a versão do genial alemão e do sábio chinês. Cremos, com efeito, que eles pertenceram sobretudo à escola moderna do *I Ching* e que, em seu trabalho, previram e organizaram um caminho

Richard Wilhelm

**Retratos de Richard Wilhelm e de Lao Naï Souan
por Erwin Lang.
Estes retratos foram encomendados pelo próprio
Wilhelm a seu amigo E. Lang e feitos a carvão
por este último durante o trabalho de tradução
do *I Ching*, em Tsing Tao.**

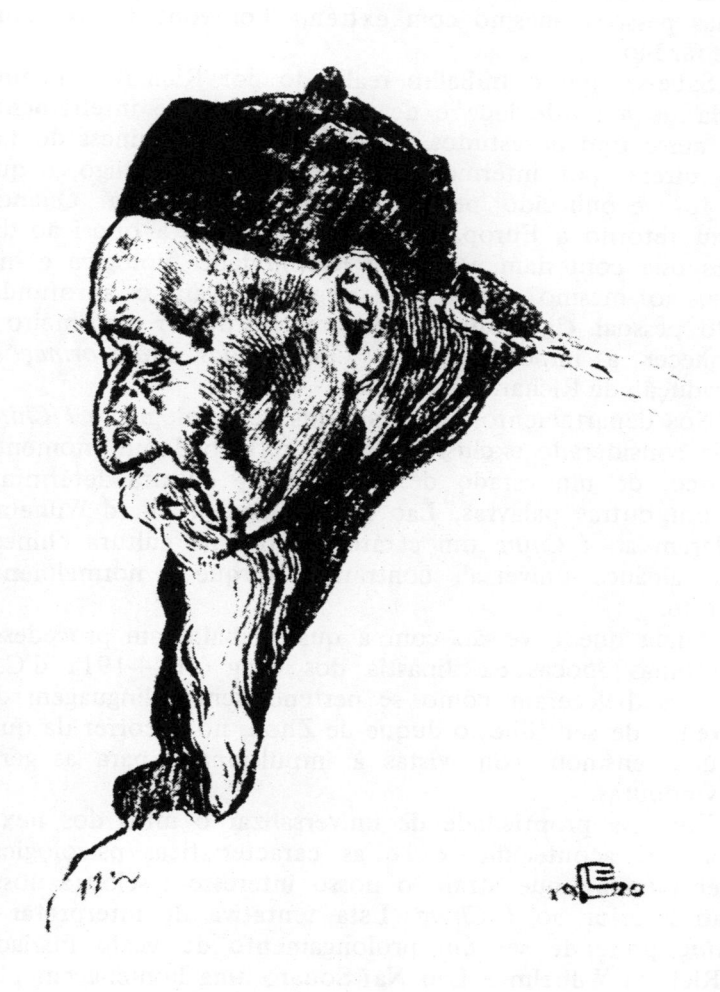

Lao Nai Hsüan

adequado à nossa compreensão, assemelhando-se nisso ao jardineiro que possui a arte de enxertar as plantas ou de transplantar um arbusto de um terreno para outro; a grande maioria das pessoas, mesmo com extrema boa vontade, não consegue fazê-lo.

Sabe-se que o trabalho realizado por Richard Wilhelm, mescla de autenticidade e de uma legitimidade inteiramente nova nesse tipo de estudos, provinha de fonte chinesa de maneira direta, por intermédio de seu mestre e amigo, e que não foi reconhecido pela *intelligentsia* da época. Quando de seu retorno à Europa, Wilhelm enfrentou a oposição daqueles que conferiam a si uma legitimidade filológica e histórica, ao mesmo tempo que negligenciavam o aprofundamento pessoal. C. G. Jung teve o mérito de ser o primeiro a reconhecer a importância do *Cânone das Transformações* e a tradução de Richard Wilhelm.

Nos departamentos universitários de sinologia, o *I Ching* é hoje considerado exclusivamente o reflexo de um momento histórico, de um estado de síntese e de cultura determinados. Em outras palavras, Lao Naï Souan e Richard Wilhelm, ao darem ao *I Ching* um caráter central na cultura chinesa e um alcance universal, contrariam o que é normalmente admitido.

Ainda que a versão com a qual trabalharam procedesse das últimas épocas da dinastia dos Qing (1644-1911 d.C.), eles a estabeleceram como se pertencessem à linguagem do rei Wen e de seu filho, o duque de Zhou, no decorrer da qual Confúcio ensinou, com vistas à impulsioná-la para as gerações vindouras.

Foi essa propriedade de universalizar o mito dos hexagramas, os acontecimentos e as características psicológicas do ser humano que atraiu o nosso interesse e selou a nossa adesão interior ao *I Ching*. Esta tentativa de interpretar o *I Ching* pretende ser um prolongamento do gesto iniciado por Richard Wilhelm e Lao Naï Souan, uma homenagem plena de gratidão à sua pesquisa e ao seu conhecimento efetivo do *Cânone das Transformações*.

Temos de homenagear também Iulian K. Shchutskii (cf. *Researches on the I Ching*, RKP, 1980), um dos primeiros a sistematizar a análise do texto clássico do *I Ching*. Hoje, esse sistema é suficientemente conhecido pelos iniciados para influenciá-los em suas interpretações, é bastante empregado, mas o seu autor permanece no esquecimento.

Nós lhe somos gratos, assim como a Joseph Needham, que, em *Science and Civilisation in China* (Cambridge University Press, Londres, 1954-1974), soube apresentar com incomparável eficácia o surpreendente percurso da espiritualidade, da ciência e da cultura chinesas.

No emprego oracular do *I Ching*, portanto, tudo se centra nessa verdade fora do tempo, ao passo que o seu estudo recorre a certo conhecimento da história e da cultura. Quanto à sua aplicação no dia-a-dia, requer um verdadeiro desejo de participar da realidade, de viver o momento presente.

Dando prosseguimento à nossa pesquisa, aprofundamos também a significação dos hexagramas e dos trigramas segundo as combinações da *alquimia taoísta*, levando em conta as significações fisiológicas sublimadas no *I Ching*. A esse respeito, não sabemos em que medida somos fiéis à tradição do *I Ching*, que, na realidade, está disseminada em numerosas escolas; possuindo cada uma delas a sua compreensão do caminho, o seu próprio tao, o nosso trabalho poderia submeter-se a algumas objeções referentes às afiliações de numerosíssimas escolas, períodos do taoísmo e comentadores confucionistas dos quais só mantivemos, com vistas à clareza da leitura, uma síntese (ver a esse respeito Max Kaltenmark, *Histoire du taoïsme religieux*, in Histoire des Religions 1). Reconhecemos de bom grado que a lógica cíclica de certos mitos, a lógica das experiências místicas, mesmo na ausência de referências arqueológicas e de precisões históricas, pode dar ao pensamento chinês uma solução de continuidade global, de tipo filogênico. Fomos respeitosos, mas também ousados, na medida dos nossos conhecimentos e das nossas intuições, atrevendo-nos a fazer uma síntese e a tirar nossas próprias conclusões.

Em nossa interpretação, referimo-nos a todas as noções que, entre as que pudemos arrolar, nos pareceram importantes. Evidentemente, trata-se das noções que parecem justificar-se pela dinâmica, pela evolução e pelo fantástico circunlóquio que os hexagramas se atribuem para se fazerem entender.

Para desvelarmos o processo de funcionamento do *I Ching*, aceitamos seguir as suas indicações, fascinados, na maioria das vezes, pelo aparecimento de efeitos mágicos, cuja primeira justificação é precisamente o seu próprio atrativo estético. Nossas deduções e suas implicações derivam de uma ligação entre a experiência mágica e a inteligência lógica. Ora, para escrever este livro, tivemos, naturalmente, de fazer concessões ao espírito racional. Quando falamos de experiências mágicas, ignoramos até que ponto o nosso próprio livro é, por sua vez, mágico. Do mesmo modo, é difícil dizer até que ponto demonstramos inteligência diante da Suprema Inteligência, do Espírito sublime do Universo. Movidos por uma curiosidade metafísica, vivemos, sofremos, procedemos como exploradores, e, no geral, nosso livro vale pelo que é: uma experiência feita com vistas a definir os seus próprios conceitos.

Proposta sobre a denominação do I Ching

O *I Ching* (*Yijing*) é conhecido sobretudo pelo nome de *Livro das Transformações* (Librairie de Médicis, Paris, 1969). Etienne Perrot, o tradutor francês do texto estabelecido em conjunto por Richard Wilhelm e Lao Naï Souan, explica essa escolha em seu prefácio. Existem, contudo, outras denominações — em especial, *Livro das Mutações* — igualmente apropriadas. Optamos por um novo título, *Cânone das Transformações*, que, em nossa opinião, corresponde melhor à natureza do *I Ching*. Este é um dos livros canônicos, e o vocábulo *Cânone* tem valor de decreto, de regra, de modelo. Esse termo precisa aqui que o conteúdo é um sistema (de transformações) e que o *I Ching*, ao mesmo tempo coisa e norma, encerra a forma pela qual esse sistema se organiza.

Além disso, para alguns nomes chineses usamos o sistema de transcrição da Escola Francesa do Extremo Oriente, e, para outros, o sistema de transcrição *pinyin*, para o qual se volta a totalidade das traduções a partir de 1979. Parece-nos que isso permite ao iniciante uma leitura mais fácil, entre os textos de R. Wilhelm, de M. Granet e as grafias atuais, e até um reconhecimento mais fácil para todas aquelas e aqueles que praticam os exercícios popularizados pelo nome de Tai Chi Chuan, Chi Kong, e que conhecem os termos Tao, Chi, ou os nomes dos trigramas, de Lao-tsé, de Tchuang-tsé, etc.

INTRODUÇÃO

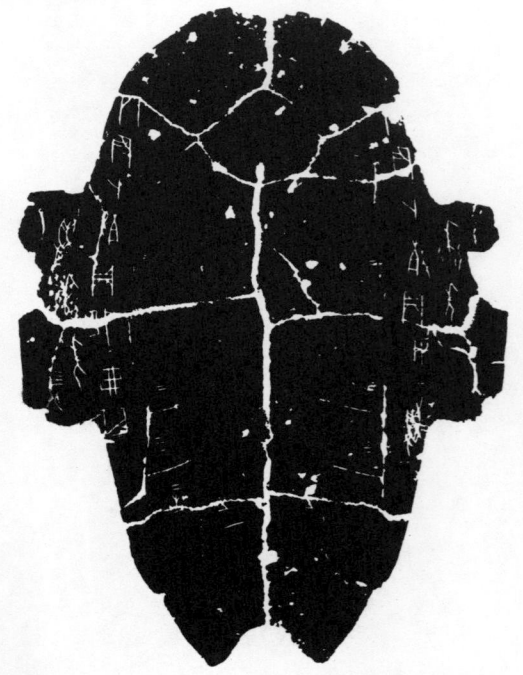

a) Estampa feita segundo um caldeirão Zhou.
b) Fac-símile de uma carapaça de tartaruga cujas inscrições oraculares
indagam sobre as previsões das colheitas de milefólio.

A VISITA A MAOSHAN

Uma das nossas recentes viagens à China, no mês de novembro de 1987, foi coroada por uma excursão ao fantástico sítio taoísta do Monte *Maoshan*, até agora muito pouco visitado pelos ocidentais. É lá que se encontra a pedra filosofal dos chineses, na origem, a concreção da própria montanha; seu mosteiro atual oculta o acesso a um conjunto de cavernas e de subterrâneos que unem as montanhas da região de Nanquim, nome da antiga cidade imperial situada a oitenta quilômetros desse lugar. Essas galerias "iniciáticas" eram muito apreciadas pelos taoístas que, à espera do cinabre e de visões originárias de suas falhas naturais, se retiravam para as suas profundezas.

Situado perto do antigo centro religioso da família Ko (de Ko Hong, importantíssimo teórico das práticas de longa vida e autor de um tratado, o *Pao-p'ou tseu*), *Maoshan* deu seu nome a uma seita cujos elementos originais foram a escrita automática e o culto mediúnico, através dos quais os mágicos entravam em contato com as energias sutis. Entre os séculos IV e V d.C., e estendendo-se até os tempos modernos, houve uma verdadeira sucessão de eruditos, de sábios, de místicos, de xamãs e de eremitas adeptos do antigo animismo chinês, do budismo ou da ciência sublime do *Cânone das Transformações*. Todos esses conhecimentos dedicam-se a desvelar o Tao invisível e a ver na natureza o reflexo do destino das energias que repercutem no *Maoshan*. Esse sítio nunca foi um santuário em honra dos ancestrais ou dos gênios locais, mas um observatório, um dos lugares prediletos para as práticas de meditação e de inspiração na escrita dos textos clássicos que ligam as Fontes amarelas à realidade do Tao. Nesses templos de esplêndidas proporções foram compilados os conhecimentos e as revelações taoístas sobre o *I Ching* dos últimos 2400 anos.

Hoje, depois de ter atravessado o rude inverno do nosso século, Maoshan reverdece nessa sociedade comunista que o destituíra. Fazem-se de novo ouvir, de maneira balbuciante, os ecos das teorias e das doutrinas reveladas aos iniciados. Os peregrinos costumam visitar o local; misturados a eles, percorremos suas ruelas, onde tudo é fonte de ensinamento para quem tem real interesse por essa tradição: a arquitetura do eremitério, em que ainda se vêem os terraços destinados aos ritos astrais dirigidos à chancelaria da Ursa Maior, os instrumentos litúrgicos, as cavernas obscuras, tais como são mencionadas na quinta linha do hexagrama 62, A preponderância do pequeno (Wilhelm), essas "grutas" freqüentadas e "lidas" como livros sagrados. O superior da comunidade, um *tao-shih* chamado Yien, explica-nos a vida dos sacerdotes; com efeito, esse religioso recebe-nos de maneira muito cortês, respondendo às nossas perguntas e à nossa curiosidade. Eis um resumo da nossa conversa.

Somos acolhidos no interior do templo, num lugar muito próximo ao altar dedicado a Lao-tsé, diante de uma pequena janela que se abre para um terraço enfeitado de trigramas do *I Ching* nos quatro pontos cardeais. Começamos assim a conversa:

E.S. Há duas décadas estudamos o Pa Koua (os oito trigramas do *I Ching*), em particular graças ao texto transmitido por Lao Naï Souan, um mestre chinês do início do século; esse texto chegou a nós pela tradução de um missionário alemão. Nós aprofundamos o seu conhecimento do ponto de vista filosófico, energético e oracular, e estamos muito felizes de visitar um templo taoísta como este, que homenageia a memória de Lao-tsé e representa também os oito trigramas da tradição do *I Ching*. Gostaríamos muito que o senhor nos falasse do *I Ching* e que nos mostrasse os objetos com ele relacionados.

Trouxemos alguns presentes para o senhor e os seus monges. (Colocamos diante dele, entre outros, algumas meias que lhe provocaram muitas risadas... cerca de doze pares! Um mapa antigo da França, uma planta de Paris no século XVI, tâmaras. Ele aprecia sobretudo um livro com reproduções de quadros de Van Gogh.) O contato é então estabelecido.

Yien. Na arquitetura e em certos objetos — os caldeirões, os sinos —, o Pa Koua é muitas vezes representado; também se atribui a ele um imenso valor no plano filosófico. Há dois tipos de Pa Koua: um chama-se "Wang Wen Koua", os trigramas do rei Wen; o outro, originário do Sul, é denominado "Fu Xi Koua", os trigramas de Fu Xi.

E.S. Conhecemos os dois.

Yien. Nesse estudo, eu mesmo sou um iniciante. O taoísmo religioso não dá muitos ensinamentos sobre os oito trigramas. Eles são mais aprofundados, sem dúvida, na filosofia e nas artes marciais.

E.S. Nós nos interessamos particularmente pelos oito trigramas da Ordem do rei Wen. Há alguns anos aprofundamos também a Ordem do imperador Fu Xi. Para nós, os valores do invariável, do mítico e do lendário de que ela é portadora são o verdadeiro espírito da China. Além disso, percebemos que o oráculo do *I Ching* se adapta tanto ao Ocidente como à China.

Yien. Creio que, no taoísmo, há o centro e a periferia. Se se aborda apenas o exterior, há pouco interesse, mas, se se penetra no interior, é possível prevenir e prever o futuro. Fico muito feliz que alguns estrangeiros pesquisem e estudem o *I Ching*. Há enormes riquezas na cultura chinesa.

E.S. Fale mais da vida cotidiana deste mosteiro.

Yien. Nossos monges têm uma vida bastante regular. Todas as manhãs e todas as tardes, recebem um ensinamento.

Os monges mais idosos praticam a meditação. A respeito da medicina, sua origem remonta ao monge fundador de Maoshan, que era médico. Muitos foram os seus sucessores que, por seu turno, se tornaram médicos. São feitas hoje novas pesquisas nessa área.

E.S. Os monges praticam o Chi Kong, ou o Tai Chi Chuan?

Yien. Trabalha-se em princípio com base no espírito; disso resulta uma transformação em Chi (noção cósmica do sopro). No último estágio, entra-se na natureza. No Chi Kong há duas escolas importantes: uma interna e outra externa. Existe um caldeirão interior e espiritual e outro exterior e medicinal. O Chi Kong interior vê no corpo um caldeirão de ouro. Há três tesouros no corpo de cada pessoa: o sopro, a energia e o espírito. Quando se pratica o Chi Kong, há uma reação e pode-se mudar a combinação entre as coisas.

Nossas práticas atraem a realidade invisível e provam-nos a sua existência. Em Pequim, Lao Yuang, velho homem de oitenta anos que é membro da Associação Taoísta, diz sempre que, quando há K'an, a água, existe Li, o fogo. Esses dois elementos compõem a ligação que se vê no Tai Chi. Eles estão inter-relacionados. Falar do Tai Chi é falar do Yin-Yang. Trata-se da mesma concepção. Eis a nossa realidade: ele está presente na nossa vida cotidiana e, para nós, isso não é obscuro.

E.S. As roupas que o senhor usa têm uma significação particular?

Yien. O Tai Chi, o Yin-Yang, acompanham sempre o taoísmo, mesmo nas roupas do monge. Mas, para nós, ele está antes de tudo na vacuidade e preenche o invisível. É isso que consideramos o mais importante.

E.S. Muito obrigado pela sua acolhida e pelas suas explicações, que recebemos como uma mensagem.

Deixamos Maoshan com a impressão de que as práticas inspiradas do saber cosmológico sobreviveram e, de certa maneira, são ainda ensinadas e praticadas na China. Hoje, esses conhecimentos correm o risco de desaparecer, pois deixaram de ter fundamento no povo. Contudo, alguns mestres chineses, dentro da própria China ou dispersos pelos quatro cantos do mundo por razões políticas, continuam a transmitir o ensinamento tradicional e esperam que essa memória possa ressurgir graças ao interesse dos jovens e, talvez, por intermédio da ciência ocidental. Através da cosmobiologia e da fisiologia mística, eles têm algo a dizer em domínios tão diferentes quanto a fisiologia, a bioquímica e a neurologia. E essa impressão se confirmou pelo nosso contato com a vida monástica nos diversos lugares em que fomos recebidos. Neles, uma elite de chineses concentra seus esforços para atingir a realização de uma energia que, no corpo, se encontra em estado bruto — o Chi; essa energia pode orientar a sua fisiologia na direção da unidade, o Tao.

É semelhante a situação do *I Ching*, instrumento psicológico, caminho lúdico de sabedoria, curiosidade matemática, bússola divinatória, que ainda não encontrou o ramo de pensamento no qual pousar nem o reconhecimento moderno pelas ciências. Essa motivação e o saber do *I Ching* constituirão o fio condutor do nosso livro, pois acreditamos que a inspiração se alimenta sempre da intuição.

A alternância do Yin e do Yang

A origem do *I Ching* remonta ao imperador Fu Xi, lendário fundador da civilização chinesa que descobriu os sinais dos trigramas gravados na carapaça de uma tartaruga que saía da água de um rio, ao passo que o sistema e o texto procedem da época histórica do rei Wen. O *I Ching* é ao mesmo tempo o sistema dos sessenta e quatro hexagramas e a soma dos comentários anônimos que o acompanham. O texto conhecido no Ocidente — graças à tradução de Richard Wilhelm — provém do século IX da nossa era. No pensamento chinês, tudo parece uma questão de linhas. As linhas (contínua, Yang——, e interrompida, Yin— —), semelhantes a um par ou a um binômio, unem-se aos rudimentos da aritmética (o sistema binário), às configurações do oráculo (os hexagramas) e à escrita.

Remontando no tempo, sabe-se que, para conservar os resultados do oráculo, foram gravados sinais em ossadas e que estes originaram pouco a pouco a escrita ideográfica. Para receberem as instruções do oráculo, os chineses aqueciam as carapaças de tartaruga, cujas rachaduras interpretavam, escreviam as perguntas e as respostas que se aplicavam tanto às campanhas militares como às obras reais (como a fundação de cidades, a construção de pontes e de canais de irrigação) e, depois, calculavam o tempo das semeaduras, das colheitas, o lugar propício para se ter a melhor produção.

Nessa época, por volta de 1100 a.C., sob o reinado do rei Wen, existia já uma compreensão dos fenômenos através das linhas contínuas e interrompidas, que são o próprio fundamento do desenvolvimento ulterior dos oito trigramas (de três linhas) e dos hexagramas (de seis linhas). A origem dos trigramas e dos hexagramas está, portanto, intimamente ligada à emergência do pensamento chinês tal como se desenvolverá mais tarde — escrita, sistema cosmológico e filosófico, medicina e ciência —, às noções do Yin e do Yang, assim como à teoria dos cinco elementos presentes nas principais correntes filosóficas chinesas, isto é, o taoísmo e o confucionismo.

Para a mentalidade chinesa, os sessenta e quatro hexagramas, verdadeiro veículo para a ação, simbolizam todas as situações possíveis da vida humana entre Céu e Terra. Eles formam o repertório dos estados de transformação do Yin e do Yang, as circunstâncias nas quais estes imprimem suas diferenças e seus movimentos. É pelos sessenta e quatro hexagramas que se reconhece o intercâmbio dessas duas forças em ação no indivíduo e na natureza, a sua maneira de se distribuírem em conformidade com o seu tempo de luz e de sombra. Por conseguinte, em lugar de imaginar a multiplicidade das circunstâncias propostas pelo Yin e pelo Yang, o *I Ching*, através dos hexagramas, explica-nos como, e com que intensidade, esses dois princípios estão em harmonia ou em conflito. O Yin-Yang é a um só tempo a disjunção e o primeiro par de forças dinâmicas da transformação. Em suma, o Yin-Yang é um processo dialético que implica o espírito e a matéria. Isso nos mostra a formação de um pensamento estruturado, e não a ordenação de teorias e de idéias esparsas.

De forma geral, as teorias prestam-se a analogias e a metáforas intercambiáveis, passíveis de se sucederem como alternativas. O pensamento, por sua vez, longe de resumir-se a uma soma de idéias e limitar-se apenas ao campo das idéias, existe globalmente através do contato entre os pensamentos do indivíduo e as transformações de uma natureza percebida como um todo orgânico, o real. Aplicamos esse raciocínio ao uso do *I Ching* na cultura chinesa e ao próprio sistema cujos sessenta e quatro hexagramas — condensados, por seu turno, nos oito trigramas — se tornam presentes pela energia incorpórea denominada Chi. O pensamento do *I Ching* existe pela sua união com a natureza e é, como o diz François Jullien — que estuda a comparação entre letrados chineses e missionários cristãos —, "um modo de pensamento em que o debate de 'idéias' se torna necessariamente estéril, já que não se trata mais de idéias no sentido estrito, mas do que condiciona a própria possibilidade de sua pertinência" (cf. *Procès ou Création*). Assim, a idéia de cada hexagrama é um símbolo que se "descobre" por si mesmo ao observador avisado, mediante a ressonância e a essência que lhe é característica (*Hu Shih*).

As linhas dos trigramas e dos hexagramas nada mais são que imagens da energia, de suas transformações, ou, segundo a crença, o lugar ou as pessoas, a própria energia. Foi também pelas imagens do Chi, através de vislumbres intuitivos, que a invenção dos pictogramas se tornou possível, concretizando a linguagem. Contudo, essa estrutura fundamental de uma energia expressa em imagens e dividida em duas linhas, em oito trigramas e em sessenta e quatro hexagramas, só tem validade quando irrigada pelo acaso e pela espontaneidade que relaciona todas essas partículas. É isso que faz do *I Ching* um labirinto no qual só se pode penetrar sob a condição de abraçar cada vez mais um caminho dominado pela memória e pela intuição; e, por pouco que nos deixemos guiar nesse labirinto, avançamos como que às apalpadelas num mito e na antecipação.

O I Ching, uma chave
para a compreensão do universo

O *I Ching* foi revelado ao lado de experiências espirituais que merecem a atenção daqueles que, como nós, se interessam pelo conhecimento e pelas técnicas que permitem captá-lo. Assim, o Ioga, a meditação Zen ou Ch'an, as *experiências diretas* (não verbalizadas), preparam o corpo e, em particular, as vias respiratórias para melhor apreenderem o *sopro* e, através dele, a fusão com o instante presente. Essas disciplinas da constância da vida pelo exercício da respiração liberam o caminho, fora do desatino, da distração.

Pela prática dos asanas e do zazen descobrimos, por nossa vez, uma união espiritual, um contato natural, espontâneo e direto com a existência. As diferentes dimensões da civilização chinesa são tributárias dessas fusões com a origem. A compreensão chinesa do universo decorre dessas experiências diretas, desses êxtases xamânicos que comprovam o sagrado tanto por meio dos sonhos e dos transes, como através da convergência e da coincidência dos seres, dos animais, das coisas e dos símbolos.

Desde sempre, os místicos, os xamãs e os contemplativos exercitaram-se na interiorização e na experimentação das concordâncias na simultaneidade. A invenção dos primeiros pictogramas e, depois, da escrita com ideogramas — que são várias disposições de uma visão das coisas — é uma ilustração disso. Os sinais "copiam" e "estilizam" parcialmente a natureza, mas desenvolvem-se para tornar mais operacionais a adivinhação, a transcrição dos seus oráculos e uma espécie de laço mágico com partes constitutivas da natureza, percebido como se emanasse da própria natureza.

O *I Ching*, por sua vez, ocupa um lugar preponderante nesse contexto; trata-se do livro da ascensão, da apreensão das correlações que permitem a transformação do tempo e do espaço profano em vida sagrada através da transcendência dos fatos habituais ou cotidianos. Ainda que a intensidade mística da origem do *I Ching* seja hoje difícil de imaginar, o estado experimental a que somos levados pela prática oracular pode adaptar-se ao progresso espiritual, à experiência estética (e poética) e à filosofia.

O sistema dos hexagramas é o antepassado de toda linguagem e a norma eterna de um grande número de transformações efêmeras. Ele engloba diferentes níveis de consciência, cada um dos quais possui a sua sintaxe. O que se produz num certo nível interfere no que ocorre em outro, num diálogo sem fronteiras. Assim, esse sistema, composto exclusivamente pelos sessenta e quatro hexagramas, é uma harmonia operacional que, como a gramática de uma língua de 4096 signos (64 multiplicado por 64), gera o conjunto. Suas linhas contínuas e interrompidas operam como uma brecha aberta num espaço em que convivem os elementos que, em

outra parte, são incompatíveis: o absoluto e o relativo, o mortal e o imortal, o mensurável e o ilimitado, o unívoco e o equívoco. Através deles, a diversidade múltipla se organiza num vasto movimento de transformações. O primeiro hexagrama do *I Ching* — *K'ien*, O criador — é um exemplo disso. O ideograma *K'ien* reúne caracteres significativos: o Sol, o número 10 duas vezes, o Céu, o tempo, o pai... O próprio hexagrama, segundo a evolução de suas linhas, sugere que todo germe criador se eleva como o Sol a partir da aurora, e mesmo desde a meia-noite, até o meio-dia, hora em que começa a declinar, para se desvanecer com o crepúsculo.

Uma analogia desse tipo, embora astronômica, tem também um sentido mais geral. O hexagrama define a curva de criação inerente a toda força de vida, curva que vai do solstício de inverno ao solstício de verão, do germe ao fruto, da larva à borboleta, do espermatozóide e do óvulo ao adulto, do desejo de carinho ao prazer. Os planos do Céu, do homem e da Terra se comunicam entre si de acordo com essa dinâmica de *K'ien*.

A experiência sensível oculta essas relações sutis agora entesouradas no *Cânone das Transformações* e prontas a serem despertadas pelo oráculo. Ela permite que se chegue a uma síntese dos três planos de que nos beneficiamos quando o consultamos.

A interdependência, palavra-chave do I Ching

Pela organização dos sessenta e quatro hexagramas, o *I Ching* expõe as transformações dos tempos e dos gêneros.

A razão de ser dessa consideração metódica de um número e de uma categoria de situações reside numa *totalização*, numa geografia sumária. Eis por que, neste livro, o leitor encontrará os termos oráculo, Tai Chi, Yin-Yang, sopro, Chi, contemplação, pensamento orgânico, experiência sensível, direta e não verbalizada, concentração, intuição — termos que recorrem a uma visão, ou a uma consciência, cujo objetivo é levar o indivíduo a recensear a totalidade pela intuição e a estabelecer, do mesmo modo, um vínculo com a totalidade.

Temos a possibilidade de descobrir o *I Ching* quando, no nível do espírito, realizamos essa apreensão do conjunto; e nos aproximamos dessa apreensão totalizadora da realidade quando consultamos o *I Ching* enquanto oráculo, da mesma maneira que estamos sujeitos a revelações da totalidade pelo vislumbre da intuição ou vivemos a experiência do "satori" por ocasião da meditação. Trata-se de exemplos típicos da forma pela qual o indivíduo capta a unidade na multiplicidade.

A totalização, em chinês, é indicada pelas miríades de seres ou de coisas, o número 10.000 (*wang siang*). Ela é atingida por um desenvolvimento que, segundo Lao-tsé, vai da latência à atualização, pelo Um que se torna Dois, pelo Dois que se torna Três, pelo Três que se torna a multiplicidade ou 10.000; e, de acordo com a alquimia interior, ele é seguido laboriosamente por uma concentração que vai em sentido contrário, da morte à vida, pelo retorno ao Três, depois do Três ao Dois, do Dois ao Um, e, por último, do Um ao Tao transcendente, no qual se pode começar a "nutrir o princípio vital". Um pequeno desvio por um texto clássico de alquimia esclarece esse método:

"Dentre esses ingredientes (da alquimia interna), três desempenham um papel fundamental, a essência (*jing*), o sopro (*qi*) e a força espiritual (*shen*), que caracterizam as três etapas essenciais do processo de inversão e de retorno à unidade e, depois, à vacuidade, como bem o exprime a introdução aos poemas do *Chifeng sui*: 'Fundir a essência em sopro, o sopro em força espiritual, e fazer a força espiritual retornar à vacuidade, isso equivale a fazer todas as coisas retornarem ao três, o três ao dois, o dois ao um, e, depois, o um à vacuidade; eis o caminho inverso da imortalidade. A essência designa ao mesmo tempo a essência seminal e a força sexual, que dependem dos rins e dos órgãos genitais; nesses poemas, essa essência é denominada a essência original, *yuan-jing*' " (cf. Catherine Despeux, *La Moelle du Phénix Rouge*). Não se trata de uma idealização, mas de um dos caminhos da transformação, no sentido em que o entende o *I Ching*, que propõe a sua topografia da vacuidade e, por interdependência, exerce sua influência psicológica, espiritual e fisiológica, segundo a adoção de uma das práticas de fusão.

Os órgãos são como preciosas pedras moles.

A inspiração filosófica do oráculo

Mas, antes de tudo, o emprego do oráculo serve para testar a nossa apreensão da totalidade, da integralidade, assim como a convergência da nossa intuição com o universo. Eis por que pensamos que a vida da intuição depende do *I Ching* e da interdependência vivida pelas coincidências ou apreendida pela sensibilidade num momento determinado.

O princípio da interdependência de 10.000 coisas nasce no "coração", na experiência mística.

Por conseguinte, a interdependência é a estrutura dos acontecimentos que serve de referência para que a intuição se exerça, o despertar se fortaleça, ou para que a emoção poética, ou a emoção cósmica, prevaleça sobre a do ego. Ela reforça a compreensão, a apreensão e a preensão do *I Ching*, enquanto este se põe ao nosso alcance, embora sem nunca renunciar à sua grandeza.

Os próprios chineses chegaram a essa conclusão, enfatizando, à maneira dos gregos, as causas das transformações da energia e seus efeitos. Eles reconheceram o vazio e o cheio, como o fez Parmênides, o fluxo da própria transformação, como o imaginou Heráclito, e a importância dos números, tal como Pitágoras. A única diferença é que, nesses domínios, os autores do *I Ching* tiveram intuições originais, va-

riadas e contemporâneas umas das outras, 500 a 800 anos antes dos pensadores gregos.

Por uma apreensão semelhante da totalidade — uma visão global e harmoniosa de fatores aparentemente afastados uns dos outros —, essa concepção aparenta-se também com a dos estóicos. No pensamento chinês, o universo, a natureza e a sociedade humana constituem um grande organismo cujas partes se relacionam entre si por uma *virtude* que lhes é inerente. O indivíduo aprende a movimentar-se nesse organismo pela tradição e, de modo ainda mais sublime, pelo despertar de sua consciência e pelo amadurecimento da sua sensibilidade.

A criação universal, portanto, é apreendida pelos chineses como uma série de conjuntos em interação. O seu saber acerca da reciprocidade das influências permitiu que eles criassem ritos como uma série de instrumentos de ingerência sobre o invisível. O *I Ching* é um deles, o mais importante. Ele serve para contemplar a vida na ondulação de crescimento e de diminuição dos ciclos naturais, dos ciclos do fluido energético e dos ciclos engendrados por uma aplicação dos conselhos do oráculo. Este último responde às nossas perguntas através de orientações que nos reintroduzem nessa rede de interdependência, e, se necessário, transforma a nossa participação nos fatos reais. Assim, nossos atos, retirados do efêmero, afirmam-se numa vivência durável e enraízam-se no imutável, norma cósmica.

As premissas do nosso trabalho

Resumimos agora as premissas contidas neste livro:

— *Dirigimo-nos ao mito para compreender as origens. Encontramos nesse contexto o mito de Pan Gu, que fez a vida jorrar de um ovo.*

— *O ovo, assim como o disco de jade denominado bi (Céu) e, mais tarde, a pérola da alquimia taoísta, é o símbolo da concentração da energia do Caos primordial. Tra-*

ta-se de uma unidade, ao mesmo tempo impregnada e geradora da multiplicidade.

— No mito e na vida, o Céu está destinado a transformar-se, o germe, a desenvolver-se e o homem, a nascer.

— A origem e o mito têm em comum os laços energéticos e simbólicos que existem entre o Céu, a Terra e o homem (a noção de Cosmos); a função desses laços é assegurar a perenidade da espécie.

— Enquanto parte integrante desses princípios, o I Ching relaciona dados naturais, humanos e práticos num único sistema.

— Esse sistema tem como objetivo transmitir aquilo que, nas transformações e para o ser humano, é constante ou invariável, indestrutível ou imortal: as normas cósmicas e as circunvoluções da energia do Chi.

— É precisamente graças às suas normas invariáveis que o I Ching pode ser utilizado fora da China. Essas normas são, em si mesmas, uma tomada de consciência das normas universais.

— Existe uma norma global que inclui todas as outras: a da transformação e de suas características. Segundo o Livro, as transformações terrestres são um afresco que se desenvolve da "criação", a causa primeira, ao desabrochar total dessa criação, "a realização", isto é, dos hexagramas 1/2 aos hexagramas 63/64. Os hexagramas 1/2 realizam-se em si mesmos e são o princípio das transformações orientadas para a realização.

— A criação — neste caso, os hexagramas 1/2 — está na origem do universo, da vida humana e do seu pensamento.

— Cada criação dirige-se à sua própria realização, que implica o encontro com outras realizações e com a miríade dos seres e das coisas: a interdependência. Do mesmo modo, cada hexagrama do I Ching é a continuidade de um impulso, de uma criação que se dirige à realização e implica vários hexagramas ou a totalidade.

— A criação é a descoberta de uma ou de muitas alternativas que até então estavam escondidas na massa da interde-

pendência, interdependência cuja diversidade é infinita. Também se pode dizer que uma criação é o início de um novo processo da interdependência.

— Por sua vez, a realização, segundo a lógica da causa primeira, é sazonal como a subida da seiva e os jorros da terra na primavera. Ela também é humana, tal como as realizações do indivíduo — as mais importantes para o confucionismo são as de ordem moral, a descendência e a família, e, para o taoísmo, a revolução interior —, consideradas como o fim das expectativas e o desabrochar da transformação do indivíduo. A revolução, nesse sentido, significa influir no próprio destino.

— Essa passagem da criação à realização é também a passagem do mito à história (no sentido cronológico da história iniciada com o rei Wen, ou no sentido histórico dos fenômenos, os hexagramas). História que reúne, de ponta a ponta, o passado, o presente e um futuro já existente nas malhas do I Ching.

— Em suma, o I Ching narra algo que tem um começo, e um fim que depende do começo. Dessa maneira, ele é um objeto cujo início é uma causa do fim e cujo fim remete ao início. Assim, os hexagramas 1/2 são a causa da realização que se encontra no fim do livro, mas são também os criadores que realizam a obra evocada pelos dois últimos hexagramas.

— Contudo, na realização, a idéia de conclusão, de completude, não é, em si mesma, a perfeição. Toda realização preserva um lugar destinado ao contato com a natureza, com o mistério ou com o Tao. Esse lugar é o vazio pelo qual a parte concreta da realização se funde com o cosmos e é compartilhada com o invisível, com o silêncio e com o infinito.

No meu fim está o meu começo

*No começo do mundo e da vida houve
o ovo primordial.
No começo do caminho e do rito houve
uma esfera, um disco de jade.
A totalidade está na esfera, no disco,
no ciclo, assim como no ovo primordial.
A esfera contém o tempo; o disco é a sua forma;
o ciclo, o seu movimento e a sua duração.
O movimento do tempo das transformações parece
circular, envolvendo como um círculo. Ele compreende
os números, os graus, os fenômenos, os homens
e as mulheres, a fauna e a flora que esperam
sua emergência e sua convergência.*

No começo, o homem criou o mito.
O I Ching *preserva esse dado no oráculo e pelo oráculo.*
As transformações projetam-se no futuro, mas suas
implicações são atemporais e universais.
Caminhando para o vir-a-ser, à medida que
contemplamos o presente e o futuro, sentimo-nos
observados pelo passado.
Trata-se de um efeito da própria contemplação.
A contemplação e o oráculo escrutam o futuro
apoiando-se em sua própria origem, isto é, na origem
da humanidade. O oráculo está no destino temporal
do espírito, da energia e da matéria.
No começo, a relação do homem com o Caminho
foi a autenticidade.
As características do oráculo do I Ching, *o abandono*
ao "acaso" da consulta e as referentes
ao autoconhecimento, fundamentam-se na autenticidade.
Para estudar e consultar o I Ching, *a densidade de*
alma é necessária. Pelo oráculo recebemos
e comunicamos a energia e a mensagem
do I Ching, *ou seja, a emoção poética e a emoção*
cósmica. Inclinamo-nos a dizer que desejar ser verdadeiro
é já uma forma de abordar o I Ching *e conseguir*
que ele seja o nosso guia.
A segurança oferecida pelo I Ching *depende da autenticidade*
do nosso impulso para ele e para a vida.
Reciprocamente, nosso progresso no caminho do coração,
assim como no da nossa integridade, é sempre um progresso
no aprofundamento do I Ching.
Todos os que se iniciam nesses princípios descobrirão
que o oráculo do I Ching *tem a inteligência e o tato de um*
conselheiro, que esse oráculo sempre tem o ouvido fiel de
um sábio.

CAPÍTULO I

Para Elisabeth Saad

Estampilhas colocadas em caldeirões das dinastias Shang e Zhou.

I CHING,
O MITO, A LENDA E A HISTÓRIA

O mito e a energia

O *I Ching*, como o manual de um Imortal, originou-se de práticas divinatórias impregnadas de mitos e de lendas. As sentenças de seus hexagramas referem-se a heróis divinizados, a animais mágicos identificados na realidade como poderes protetores ou hostis. Estes últimos pertencem aos ciclos da energia e convivem em nossa vida cotidiana enquanto forças naturais, por intermédio de suas relações com os órgãos do corpo ou com as hipóstases. No acúmulo dos comentários, o mítico e o fabuloso integram-se ao discurso de teor médico e alquímico como argumento que complementa as explicações históricas. Eles estão na origem de coincidências que, como gotas de silêncio ou intervalos de contemplação, perpassam os momentos de aridez espiritual.

Assim, não é raro, na circunvolução de um hexagrama, encontrar um "dragão" (hex. 1), um "demônio" (hex. 64), um "cavalo alado" (hex. 22), ou assistir a um "combate de dragões" (hex. 2). Nós próprios chegamos a "voar acima das profundezas" (hex. 1), certamente para atingirmos o Céu, o Criador ou o Pai cósmico, ou para deixarmos de fazê-lo quando "a luz se obscurece" (hex. 36); para recebermos "linhas" (sinais, mensagens, ordens) de um outro lugar (hexs. 2 e 55). Isso nos recorda que, no interior da tradição, essa linguagem é habitual. Ela serviu para que Confúcio exprimisse a impressão provocada pelo seu encontro com Lao-tsé: "Vi hoje um dragão que sobe ao Céu, cavalgando ventos e nuvens."

Os metafísicos chineses afirmam também que o *I Ching* se encontra onde não o vemos, assemelhando-se um pouco às estrelas e às células que, escapando ao olho nu, são perceptíveis no telescópio ou no microscópio. Para eles, os oito trigramas deslizam no invisível, desprovidos de sentido para o profano, como ondas que se propagam rumo às regiões do mito ou da lenda, ou na direção dos domínios das normas invariáveis sob o influxo energético do Chi.

Essas transformações e metamorfoses estão no ar, e nós seguimos atentos e fascinados, suas circunvoluções. A história tem pouca importância; o espírito está no encanto do sopro; os sopros se elevam até as estrelas, as estrelas respondem a eles e, em algum lugar, os envolvem. Os efeitos são consideráveis. Suas lendas afirmam que os oito trigramas de Fu Xi, ou o Céu anterior, destacam-se na placenta e desaparecem quando o recém-nascido emerge do ventre da mãe. Eles são encontrados depois na relação familiar, em formas energéticas naturais, no jorrar fortuito dos fenômenos, no espaço circundante e no tempo cíclico das estações. A união entre o homem e o mistério, desde antes do seu nascimento e na dimensão mítica do pré-natal, é transmitida por essa lenda visionária.

À primeira vista, tudo isso perturba nossa necessidade de objetividade histórica ou científica, bem como a compreensão dessa cultura. Mas o que dizer dessa abordagem mítica? Trata-se de uma realidade mística ou de uma ficção?

Assim como na contemplação profunda, o mito faz uso do passado, do presente e do futuro para reunir as convergências e dar um sentido unívoco. Ele é a expressão de crenças, o modelo de comportamentos e a justificação de valores.

O mito representa também a tomada de consciência das situações cósmicas por parte do homem e o resíduo do seu fascínio ou do seu terror diante das transformações e dos abalos da natureza. Contudo, como diz R. Caillois em *Le Mythe et l'homme*, "não se deveria sobretudo concluir que a mitologia seja uma espécie de tradução poética dos fenômenos atmosféricos". Essas circunstâncias, acrescenta R. Caillois, são (segundo a idéia de C.G. Jung) antes um primeiro *condicionamento terrestre* do que a única razão da sua existência. Mais aparentado com o despertar espiritual, o mito, de acordo com as palavras de Mircea Eliade, deve ser compreendido como um ato de criação que revela a natureza e suas transformações, um ato inspirado que resume a relação do gênio humano com a alma do universo.

A lenda, como um prolongamento do mito, é também uma amplificação da experiência humana, ao mesmo tempo alegoria e comentário voltado para a fábula moral, conto filosófico ou emulação mágica. Em meio à sua irrealidade, há uma parte de verdade que nos é indispensável, como referência, para chegarmos à realidade última dos fatos. Para resumirmos as diferenças entre mito, lenda e fábula, atemo-nos à definição de Marcel Detienne em *L'Invention de la mythologie*: "... o mito, como se sabe, é uma história do deus. Fábula, apólogo, moralidade, é verdade; mas, ao contrário da lenda — acredita-se nela sem que haja necessariamente um efeito — ou da fábula — ninguém é obrigado a crer nela —, o mito, por sua vez, faz parte do sistema obrigatório das representações religiosas." E ele cita M. Mauss: "Somos obrigados a acreditar no mito."

Em seu vasto afresco das origens da civilização chinesa, Rémi Mathieu aborda também as distinções entre o mito, a lenda e o conto: "... a lenda — diz ele — é um estágio degenerado do mito; trata-se de um aspecto no qual a forma importa tanto quanto o fundo, em que começam a intervir fatores estéticos e, em especial, onde a crença deixa de desempenhar o papel de laço místico que une o orante aos seus deuses e que dá um sentido ao seu ser no mundo. Estou convencido de que estamos livres para crer ou não na lenda, o que não ocorre em absoluto no que se refere ao mito. O conto será considerado uma forma degradada da lenda, forma escrita — portanto, tangível e dessacralizada — na qual a beleza do gesto (ou da gesta) tem primazia sobre a ação, em que a busca dos efeitos de estilo substitui a busca do sentido e da natureza das coisas" (cf. *Étude sur la mythologie et l'ethnologie de la Chine ancienne*, trad. anotada do *Shanhai jing*). Em outras palavras, além das conotações religiosas, o mito exige de nós um trabalho para captarmos o seu sentido: o trabalho da transformação interior que desaloja seja a magia, seja a consciência do universo.

Como qualificar a origem do I Ching

Hesitamos por muito tempo em qualificar de "mito" os textos antigos da China que abordam a origem da civilização e, portanto, do *I Ching*. Na cultura chinesa, esse tipo de classificação é mais vago do que na tradição grega a que estamos acostumados: isto é, um mito é a narrativa cuja estrutura, cíclica no tempo, corresponde a aspectos recorrentes da psicologia dos indivíduos e a um dos meios usados pela tradição para atualizar-se. A realidade do mito indo-europeu, helênico ou judeu-cristão, a sua "realidade histórica", parece dever passar por essas ressurgências na vivência de cada indivíduo. Ele estrutura o espírito à maneira das leis de uma sociedade. Age como uma norma, que condiciona posteriormente o rito.

No decorrer de uma visita de estudos a seu instituto de Cambridge, refletimos com Joseph Needham sobre as Grandes Origens da civilização chinesa. Needham denomina "mito" qualquer tentativa de explicação do mundo que date do neolítico; por exemplo, o mito da criação por Pan Gu. Ele admite que, não tendo sido transmitidos e enaltecidos pela tradição do confucionismo — a mais hostil a esses frutos primitivos —, os mitos não perduraram. Não obstante, permanecem alguns vestígios; cada um deles, mais que uma imagem, é uma tatuagem gravada na memória das consciências, a memória mítico-religiosa. Em chinês, o ideograma que representa *mito* significa "aquilo que é dito pela divindade" ou "aquilo que os homens recebem dos deuses", uma relação com o sobrenatural. Ficamos com a impressão de que qualificar esses episódios de "mito" não explicava como eles eram recuperados e revividos de forma reiterativa e cíclica pelos chineses.

Com efeito, uma grande questão ainda não foi respondida: de que modo os relatos chineses das peripécias e descobertas dos heróis fundadores, assim como o incompreensível no universo, transmitidos e reescritos muitas vezes ao longo dessa imensa cultura, são exemplares e implicam os modelos da psique? Como são repetidos, encarnados e revividos? No que se refere a isso, diferem dos mitos (gregos e outros) que, segundo a psicanálise, assediam a consciência dos indivíduos? Não é senão pelo estudo das práticas alquímicas taoístas que essa filiação íntima entre o mito e a personalidade se torna experimental. Efetivamente, podemos constatar que, graças à prática do Tai Chi Chuan ou do Chi Kong — que aferem a distância entre o nosso corpo e o universo pelos oito trigramas ou pela própria prática da adivinhação que recorre à pequena carapaça de uma tartaruga para misturar as moedas —, a realidade do mito se atualiza. Ela se atualiza pelas práticas ou ritos que, por sua vez, se baseiam em mitos como o de Pan Gu, criado no Caos essencial e criador da vida a partir de suas essências, e em episódios como o de Fu Xi, sua tartaruga, seus cestos e os oito trigramas. Dessa maneira, os oito trigramas nos precedem, tramam a vida antes e durante o nascimento, existem pela prática alquímica ou pela visão mística, antes, durante e depois da fragmentação do corpo.

Acrescentemos que, na civilização chinesa, e segundo o seu princípio de interdependência, a função do mito é estimular a solidariedade, tal como ela se apresenta na estrutura familiar e na dos trigramas (cf. cap. II). Portanto, através do mito tanto quanto por intermédio de um espelho, os chineses voltam-se para o outro com amor. O mito rege principalmente a perenidade da espécie e, algumas vezes — como nos períodos críticos das revoluções —, opõe-se, como o porta-voz do coletivo, ao conhecimento que brota do gênio individual ou da revolução interior.

O mito de Pan Gu

Dentre os numerosos mitos das origens da civilização, o de Pan Gu, conhecido desde o século II d.C., é uma premissa dos ensinamentos do taoísmo tal como hoje o interpretamos. Pan Gu é o primeiro homem chinês, "é ao mesmo tempo prodigioso e monstruoso, como um demiurgo. Entre suas proezas, estão a de dividir o Yin e o Yang, a Terra do Céu, o dia da noite, e a de formar os cinco elementos. Depois, ele dispôs as montanhas, os vales, o leito dos rios, e ensinou aos homens a fabricação de barcos e de pontes. Viveu oitocentos anos e, durante esse tempo, concretizou-se o mundo tal como o conhecemos.

Pan Gu teve dezessete filhos, que fundaram as tribos iniciais da China. Sua morte (enaltecida pelo taoísmo) implica um grande mistério e um dos maiores poderes mágicos. Pan Gu encerrava em si mesmo a paisagem do mundo e, no momento de morrer, seu hálito gerou o vento e as nuvens; sua voz criou o trovão; seu olho esquerdo, o Sol; seu olho direito, a Lua; seus quatro membros, os quatro pontos cardeais; seu sangue, os rios; seus músculos, a crosta terrestre;

sua carne, os campos; sua barba, as estrelas; sua cabeleira, as árvores e as plantas; seus dentes e ossos, os rochedos e os metais; sua medula, as pedras preciosas; seu suor, as chuvas" (segundo o *Shuyiji* do século VI).

Existem várias descrições dessa relação microcosmo/macrocosmo, com ligeiras variações; citemos também a de H. Maspero: "A cabeça redonda é a abóbada celeste, os pés retangulares são a terra quadrada; o Monte Kunlun que sustenta o céu é o crânio; o Sol e a Lua, que estão presos a ele e giram ao seu redor, são respectivamente o olho esquerdo e o olho direito. As veias são os rios, a bexiga é o oceano, os cabelos e os pêlos são os astros e os planetas, os rangidos dos dentes são os ribombos do trovão." E outros esclarecimentos: "... os trezentos e sessenta e cinco ossos (que correspondem) aos trezentos e sessenta e cinco dias do ano."

Maspero cita também a aplicação a Lao-tsé dessa notável fragmentação mítica: "Lao-tsé transformou o seu corpo. Seu olho esquerdo tornou-se o Sol; seu olho direito, a Lua; sua cabeça tornou-se o Monte K'ouen-louen; sua barba, os planetas e as constelações; seus ossos, os dragões; sua carne, os quadrúpedes; seus intestinos, as serpentes; seu ventre, o mar; seus dedos, os Cinco Picos; seus pêlos, as árvores e as plantas; seu coração, o Dossel Florido; e seus dois rins, unindo-se, converteram-se no Pai e na Mãe Reais Essenciais" (cf. Zhen Luan, *Xiao-daolun*, traduzido por H. Maspero em *Le Taoïsme et les religions chinoises*).

Essas descrições constituem a chave da operação alquímica que é o apanágio do taoísmo; cada ser dotado de consciência pode realizar a união com a natureza, concretizar uma participação mística, se encontra a correspondência entre a natureza e os órgãos do corpo. Nosso corpo é um microcosmo destinado a retornar à vida da paisagem, às normas do macrocosmo e ao Chi.

A alquimia procura, num primeiro momento, unificar o espírito e o corpo, e, depois, o espírito, o corpo e a natureza, cujas crenças e práticas posteriores — em particular, as que se propõem a concentrar o movimento da vida na morte, do mesmo modo como a árvore se concentra na semente — estão presentes no mito de Pan Gu de forma latente. Esse processo tem início quando podemos perceber que cada parcela do nosso corpo é parte integrante da paisagem e quando estabelecemos uma distinção entre o interior e o exterior, entre o coração e o corpo, entre o sujeito e o objeto, entre nós e os outros, entre a imagem e a realidade.

O sentido desse pensamento é esclarecido pela definição, dada por Mircea Eliade em seu *Traité d'histoire des religions*, do mito enquanto história exemplar (paradigma): "Aquele que realiza um rito transcende o tempo e o espaço profano; da mesma maneira, aquele que 'imita' um modelo mítico ou simplesmente escuta ritualmente (dela participando) a recitação de um mito é arrancado do vir-a-ser profano e recupera o Grande Tempo."

O importante na experiência espiritual e no triunfo da alquimia taoísta é justamente a concretização da realidade

dessa experiência. A prática do sopro e a contemplação das coincidências (sincronicidade) deixam de fazer parte do tempo profano e passam a estar já no interior do espaço-tempo, transcendentes e tão sagradas quanto a correlação de um pensamento, a prática de um rito, a ação de escrever ou de pintar. Um desenvolvimento desse tipo acompanha as regras da arte chinesa: "Há na pintura chinesa uma significação religiosa da paisagem que se confunde com uma religião da paisagem, uma religião da natureza que define a natureza da religião taoísta" (Claude Roy, em *Zao Wou-ki*). Observemos o paralelismo entre essas idéias e aquelas, igualmente generosas, da "ascensão" ao Céu de Wang Fuzhi: "... a moral chinesa caracteriza-se por um progresso contínuo da consciência que, em seu estágio final, permite que o homem se una diretamente com o Céu em sua infinidade — momento em que, estando a virtude do Céu 'assimilada' por inteiro, a transcendência do processo se converte em imanência no interior da personalidade" (em F. Jullien, *Procès ou Création*).

Na morte, nossos órgãos farão parte do universo; seremos imortalizados na paisagem, que nos levará consigo do mesmo modo como, outrora, nossa unidade foi a do nosso corpo. Essa união com o mundo é a forma mais emocional do amor imaginado pelo misticismo chinês: passamos da limitação corporal à fusão espiritual tão apreciada, a do infinito energético; partindo da fusão primitiva, atingimos a fusão alquímica última, a da morte.

Pan Gu carrega o ovo cósmico das energias primordiais de que se originou e que utiliza para criar a nova vida. Esse ovo, inicialmente chocado pelo Céu, significa que o aparecimento do primeiro homem (e, em parte, todo nascimento de um ser humano) é miraculoso. A transformação do ovo é mais uma revolução do que uma reforma, e tem o mesmo desenvolvimento seguido pelo da energia sexual e sua transformação em Chi. Desse modo, o alquimista deve começar por desenvolver a flor de ouro do despertar e da realização, voltando em seguida à esfera da origem, ao ovo, pela dispersão

do seu corpo e pela união ilimitada da sua consciência. A dispersão do corpo de Pan Gu evoca o retorno à natureza e a afirmação de que corpo e espírito eram natureza. Seu corpo volta à natureza da mesma maneira como, na crença simples e profunda, a substância de um corpo pertence à sua terra materna.

Isso nos conduz à definição do mito dada em 1924 por E. Cassirer, em *La Philosophie et les formes symboliques*: "O mito exprime a totalidade do ser natural na linguagem do ser humano e social." Essa relação entre as transformações do corpo e da natureza também está presente na lenda de Fu Xi, e o próprio *I Ching* menciona no hexagrama 30, Aquilo que adere, o fogo: "Fu Xi estuda o seu próprio corpo e as realidades longínquas" (Wilhelm).

A invenção das redes e dos cestos, por parte dos chineses, bem como seu interesse pela fisiologia e pela anatomia, mostram que boa parte da cultura chinesa nasce de sua relação com o Céu e com a interdependência, de um laço entre o microcosmo e o macrocosmo, e que as práticas da adivinhação e da alquimia levam o indivíduo ao encontro dessas experiências primordiais. Com efeito, sem a lente de aumento da experiência mística, da prática alquímica ou da adivinhação pelos oito trigramas, não conseguimos sequer distinguir o paralelo entre as estruturas familiares e cósmicas, a verdadeira natureza dos animais (seu caráter ao mesmo tempo absoluto e relativo), nem tampouco o funcionamento e a influência formal dos próprios hexagramas.

Como ocorre com esses personagens míticos, trata-se mais uma vez, e sempre, de reconhecer as normas universais, de recolher a energia do Chi e de agir com ela. No taoísmo, voltar-se para o corpo e para as raízes é voltar-se para o mito; ele busca nas protuberâncias e nas sinuosidades dos órgãos e das raízes, lugares em que se encontra a energia (e a beleza) criativa da natureza.

Dirigir-se à natureza e encontrar a natureza no próprio corpo — "verdadeira natureza", estreitamente ligada à própria natureza, aos animais, ao grupo — parecem ser a única preocupação do taoísmo (e isso apesar do sentido que o confucionismo atribui à "cultura"). Essa trajetória impregna uma participação espiritual em que um mito como o de Pan Gu, o Pai cósmico — destinado, como todos os mitos, à descrição do sobrenatural —, se torna o mito do "mestre" que explica o caminho e a prática alquímica aos seus discípulos.

Nas palavras de Ken Wilber em *Les trois yeux de la connaissance*, essa participação espiritual "é, na realidade, um paralelo filogênico quase exato da matriz primária", isto é, uma forma de captar o desenvolvimento das espécies no decorrer da evolução. Trata-se de um estado do processo espiritual destinado a ressuscitar a unidade primordial, mediante a experiência mística no aqui e agora, e, através disso, a estimular a emergência dos homens e das mulheres enquanto individualidades.

Uma definição do mito pelo mito

No trabalho do comparatista, as pesquisas às vezes têm resultados curiosos. Encontramo-nos nesse contexto com imagens simbólicas que revelam afinidades, ou, como diz Marcel Detienne, o que parece obedecer à "arquitetura do espírito humano" ("La cité défendue par ses mythologues", em *L'Invention de la mythologie*). Ao lermos esse autor, maravilhamo-nos com a sua interpretação da significação do mito segundo Platão: "(a mitologia) pertence à tradição silenciosa, que é murmurada nos provérbios e nos ditos anônimos, fora da escrita, impotente para exprimi-la, e para além de toda pesquisa voluntária do passado. A busca de uma tradição que deve permanecer oral, e na qual se aloja, figura muda da autoridade, a 'palavrinha' que nunca deve ser pronunciada, foi iniciada por Platão como uma viagem ao fundo da memória, memória cujo círculo derradeiro se fecha na imobilidade de uma criança de cabelos brancos na qual se absorve a cidade inteira, todas as vozes entrelaçadas, num rumor sem idade".

A definição platônica do mito é de uma precisão visionária. O mito é selado por uma criança velha como a eternidade, que possui desde o nascimento a experiência e a sabedoria do conjunto dos homens já nascidos e por nascerem. Ora, é esse menino, que já nasceu velho (sua gestação durou setenta e dois anos), que é encontrado por nós no mito do nascimento de Lao-tsé (cf. A. Seidel, *La Divination de Lao Tseu dans le taoïsme des Han*). Portanto, Lao-tsé é um menino-sábio cujo discurso, o *Livro do Primeiro Princípio e de sua Virtude*, o *Tao Te King*, será essencial, pois, através do seu nascimento, sua voz se faz ouvir do mais profundo das eras, como se se elevasse do peito de um mito. Nos dois casos, grego e chinês, é-nos apresentada uma quintessência do tempo. A diferença é que o nascimento de Lao-tsé é uma definição do mito pelo mito, já que reúne o menino-velho — isto é, a definição platônica do mito — e, ao mesmo tempo, encarna um mito.

Nos dois casos, esse tempo mítico que resume acontecimentos extremos da existência humana permite-nos compreender que cada experiência mística remonta às raízes do desenvolvimento das espécies (a filogenia) e se eleva ao ápice de sua evolução, e que, em última instância, o mito é a sua seiva.

O mito e os hexagramas

Contemplado a partir do progresso tecnológico, que costuma traduzir uma ruptura teológica, o pensamento chinês está enraizado no mito e na lenda enquanto imagens que perpetuam a origem. O mítico e o lendário, ao ocuparem um lugar inseparável da história, imiscuem-se sem cessar na escrita e, por conseguinte, nos juízos de valor (terra, casa, fauna e flora), assim como na avaliação dos acontecimentos e dos fenômenos (meteorológicos e astronômicos). Eles são um alimento do tempo, do mesmo modo como a imaginação é um prolongamento da matéria.

Através de suas formas, ora metafóricas, ora concretas, o mítico e o lendário exercem seus mecanismos de encantamento e se implicam de novo (e talvez para sempre) na trajetória espiritual profunda, na religião e nas práticas alquímicas. Constatamos que eles se impuseram à mentalidade chinesa como uma necessidade interior. No curso de sua história, o povo chinês demonstrou uma incomparável habilidade de recompor e repensar o passado — que ele todavia ignora — e de extrair sua parcela histórica, sucessivamente, do desenvolvimento do mito e da lenda.

O tipo de pensamento mítico que constitui a substância do *I Ching* submete-se a certas formas de análise racional. Ele é composto de atributos, de encargos, funções e valores numéricos explorados em seu sentido mais sublime, um sentido que conduz e estimula o ser humano, já que este, em qualquer circunstância, precisa ao mesmo tempo adaptar-se ao sistema e alimentar sua força moral para enfrentar as tarefas que esse sistema lhe impõe. A coragem veiculada pelo mito e pela lenda é, afinal de contas, o estímulo que dissolve seus medos e suas hesitações essenciais.

Os hexagramas estão repletos de particularidades e méritos por eles prodigalizados aos indivíduos prontos a seguirem o Caminho; por outro lado, suas alianças e seu parentesco, inclusive os dos ancestrais, repousam nos habituais laços do matrimônio, da família, dos filhos, das concubinas, dos amigos. Eles atendem às necessidades de pertinência específicas dos chineses, mas também às nossas próprias necessidades de filiação cósmica e espiritual.

Fornecendo esses argumentos, desejamos revelar o papel do pensamento mítico na criação do *Cânone das Transformações*. De modo definitivo, o *I Ching* diz respeito, a um só tempo, às particularidades do mito e às do relato histórico; está impregnado de cada uma dessas duas dimensões e resgata o que elas têm em comum. Cada hexagrama é uma tomada de consciência das situações cósmicas e se repete de forma cíclica. Reconhecemos nele uma expressão mítica ainda mais acentuada e, evidentemente, mais universal do que a que envolve a aventura dos heróis fundadores da China. Com efeito, cada hexagrama, cada trigrama e cada linha é uma rede que vasculha as águas profundas do mito. No lugar de origem do mito, o *I Ching* diagnosticará as energias em ação na natureza.

Assim, tal como o fazem os mitos gregos (pensamos, por exemplo, em Sófocles e em seu Édipo), cada hexagrama, em sua qualidade de modelo exemplar, ao mesmo tempo reiterativo e cíclico, das transformações, é um mito. Para penetrar no vir-a-ser pela interpretação do *I Ching*, devemos, portanto, levar em conta essa filiação à origem e o conjunto das correspondências simbólicas.

A Ordem de Fu Xi

O mito e a história do *I Ching* remontam à vida e às ações de dois grandes personagens, um lendário, o imperador Fu Xi, e o outro histórico, o rei Wen, marcos que delimitam a fronteira entre o mito e a história, embora assegurando a continuidade entre eles.

Relacionados com o mito de Pan Gu, os capítulos da vida de Fu Xi referem-se a uma historização mais plausível. O imperador Fu Xi possui numerosos títulos de nobreza e sua influência é determinante. Atribui-se a ele a descoberta

a) Os oito trigramas segundo a Ordem de Fu Xi ou Céu anterior.
b) Fu Xi, Nü Wa e uma concubina, de acordo com uma estampa
da dinastia Han.

dos oito trigramas, segundo certa disposição destinada a compreender a invariabilidade do Céu. A nenhum outro foi reconhecido um prestígio tão grande. O imperador teve acesso à origem desse tempo mítico que, mais tarde, se tornará histórico, ao Céu anterior, à matriz cósmica, que é o espaço-tempo de todos os universos imagináveis e ainda não concebidos, pois, segundo o princípio do pensamento mítico, quanto mais antigo é o evento, tanto mais se aproxima da fonte. Ele viveu há cerca de 4.500 anos. É homenageado como o pai fundador da civilização e figura entre os Três Augustos, ao lado de Tcheou Yong, um guerreiro, e de Chen Nong, o inventor do arado.

Certo dia, segundo a lenda, Fu Xi estava sentado à beira de um rio. Ele estava num lugar em que as tartarugas punham seus ovos. De repente, viu uma massa sombria destacar-se entre as ondas e começar a percorrer com dificuldade a praia, de maneira intermitente. Não se tratava de um desses pequenos animais que se apanham à beira das estradas e que se alimentam de folhas de alface. A tartaruga que avançava em sua direção era um pequeno monstro mítico que media um metro de comprimento e pesava uns bons cem quilos.

Nessa época específica do ano em que as tartarugas saem das águas, tratava-se de uma poedeira que ia esconder seus ovos na areia. Fu Xi aproximou-se e decifrou em sua carapaça as linhas contínuas e interrompidas dos oito trigramas. Era a primeira fusão do homem com o Tao; ela relacionava a carapaça da tartaruga com as formas cosmológicas e oraculares dos oito trigramas, seu dorso com o dorso e a vesícula biliar do homem, as migrações com as fases da Lua e com o Norte, a gestação e a incubação da nova vida com a que se exprime no mito do ovo cósmico de Pan Gu e do Criador do universo.

Essa coincidência, como de resto todas as coincidências, não foi, em absoluto, fruto da experiência, mas um momento único e criativo. Esses oito trigramas são, por sua vez, a norma da energia, *matriz* do ser humano e *coração* do homem realizado. Por outro lado, na tradição chinesa (e, hoje, no ensinamento de mestres como Liu Pai Lin ou Mantak Chia) encontra-se amiúde a teoria taoísta da existência dos oito trigramas na placenta para indicar que a gestação é sempre acompanhada de uma fusão com o Tao.

Em suma, a tartaruga encarna a força física e espiritual do homem. É nesse sentido que, na primeira linha do hexagrama 27, As comissuras dos lábios, "perder a tartaruga mágica" ou não encontrá-la, o que é a mesma coisa, é considerado um infortúnio. A proximidade da tartaruga foi, ao que parece, muito importante para superar a contingência e estabelecer uma relação com o imutável.

Percorrendo o Cosmos com seu esquadro, Fu Xi foi também aquele que deu medida a tudo. Nü Wa, sua mulher-irmã, traçava ao mesmo tempo a curvatura do universo e dos seus ciclos com um compasso, indicando com isso que o trabalho humano consiste em conhecer nossos limites, isto é, em estabelecer as medidas dos ciclos, dos fluxos, dos ritmos biológicos e cósmicos. Foi assim que Fu Xi descobriu que o seu próprio corpo estava em concordância com as realidades longínquas. Um baixo-relevo da época Han (206 a.C. — 220 d.C.) leva a imagem mítica ao ponto de representar esse casal incestuoso com corpos de serpente enlaçados e assistidos por dois anjos. Eles se fundem um no outro, corpo e espírito; Fu Xi é o imperador da harmonia e Nü Wa, sua imperatriz, figura preeminente dos ciclos. Ambos ensinam a união às estrelas e aos homens.

Os trigramas encontrados pelo imperador, reconhecidos sob o nome de Ordem de Fu Xi, representam a norma reguladora do tempo e do espaço. Essa ordem anima e dinamiza, a partir do interior, o cotidiano em interação com as transformações humanas e terrestres, como um eixo invisível. Ela está implícita no nosso mundo, com suas latitudes e longitudes invariáveis, e no movimento das constelações. Os fenômenos devem curvar-se diante dessa estrutura dinâmica, adaptar-se como as águas de um rio quando tocam um grande rochedo. As mutações tumultuosas do nosso espaço-tempo assumem a forma desses trigramas. Os trigramas

Fu Xi e Nü Wa (segundo publ.: Chavannes, E., *La sculpture sur pierre en Chine*, Paris, 1893, pl. XXIV).

de Fu Xi são a norma íntima do Cosmos. "O céu de Fu Hsi (Fu Xi) é anterior ao do rei Wen como a nascente é anterior ao rio, ou melhor, como o sentido de uma palavra 'precede' o som que o exprime" (cf. J.-Ph. Schlumberger, *Yi King, principes, pratique et interprétation*).

A Ordem do rei Wen

O rei Wen fundou a dinastia Zhou em 1066 a.C. Comparado com os déspotas das tenebrosas dinastias Shang e Yin, ele se revela um soberano humanista. Sob o seu reinado começam a diminuir os freqüentes sacrifícios humanos e animais. Nessa época, o sagrado se sublima aos olhos do humano; tem início a linhagem de Confúcio, moralista e filósofo. Datam daí alguns dos antigos pictogramas em ossos e em carapaças de tartaruga, bem como o próprio esboço dos ideo-

a) Os oito trigramas da Ordem do rei Wen ou Céu posterior.
b) O rei Wen e sua esposa, de acordo com uma estampa originária de Kia-siang.

gramas (sigilários), dos quais são descobertos vestígios, quando das escavações arqueológicas mais recentes, em vasos rituais de cerâmica e bronze.

A contemplação apreende já uma realidade transcendental do presente; ela relativiza fatos até então considerados exemplares pelas normas dos mitos e sagrados pela influência dos ritos.

A consciência da separação com relação à origem avança e se traduz por uma compreensão adequada dos fenômenos. Percebe-se que tudo neste mundo nasce e se desvanece sem cessar, que as transformações suscitam o conflito e a solidariedade, e que sua dialética é variável. Percebe-se também que, às vezes, uma infelicidade é apenas parcial, já que oculta uma felicidade, e que o arrependimento e o desgosto são concomitantes à falta.

No movimento das mutações se emaranham as alternativas através das quais o homem se obstina em buscar a permanência e a segurança. A partir daí, usa-se a adivinhação para tomar o caminho da sabedoria; o homem moral começa a andar de pé.

Motivo decorativo de um caldeirão da dinastia Shang, Museu de Xangai.

70

O rei Wen promulga o primeiro calendário do edifício histórico. Ele estuda os trigramas da Ordem de Fu Xi e organiza os rudimentos do *I Ching* que se transmitem até hoje. Desse modo, atribui um autor à tradição chinesa, caracterizada em geral por seu anonimato, e data os primeiros acontecimentos de sua história e do calendário. Ele aceita que o passado seja oposto ao presente, que os indivíduos possam viver a consciência do passado relacionando-a com a do seu presente.

A partir daí, considera-se, por um lado, a eternidade (a continuidade) de Fu Xi para contemplar a criação e, por outro, o tempo renovável (a mutação) do rei Wen, propício à travessia das transformações; um é o coração; o outro, o corpo de toda criatura.

A Ordem do imperador Fu Xi, ou Céu anterior, reproduz também o alfa das transformações, enquanto a disposição dos oito trigramas segundo a Ordem do rei Wen, ou Céu posterior, reproduz o seu ômega, o fim de tudo que esteja inscrito na norma. O Céu posterior e seus trigramas são designados ministros das forças insondáveis do Céu anterior. Este último age através dos sopros, da luz e da escuridão, dos átomos e das partículas; em suma, através da vida e da morte que nós contemplamos e às quais, em última instância, estamos sujeitos.

O rei Wen desperta para a exterioridade do movimento ao combinar entre si os oito trigramas, cuja lei escreve por intermédio dos sessenta e quatro hexagramas. Essa roda dos sessenta e quatro hexagramas representa as engrenagens da transformação e o leque das alternativas oferecidas aos homens. Esses hexagramas são também normas para o ser humano; são ao mesmo tempo absolutos pela sua regularidade e relativos pela flexibilidade de sua manifestação. O Céu conhece as coisas, sem ouvidos, sem olhos, sem coração, sem reflexão... O homem aprofunda essas coisas, escutando, olhando, amando, refletindo e exprimindo-se sobre as sementes, as causas, os sonhos e os oráculos.

O reino do Cosmos

No caso do rei Wen, a história vira a página do mito, e este, por seu turno, se funde com a história. Trata-se de uma história que mal leva em consideração o desenvolvimento das sementes míticas, mas que, mesmo assim, deixa entrever uma forma do desenvolvimento racional que deu origem à ciência chinesa.

As Ordens de Fu Xi e do rei Wen, inerentes a toda manifestação no mundo, unem o mito e a história, o mistério e o conhecimento, o pré-natal e o natal, o vazio e o cheio, o invisível e o visível, o imutável e o mutável. Entre ambas, é a horizontalidade que ressoa na verticalidade. Trata-se das relações entre a Terra e o Céu, mas também das relações entre o indivíduo e a vacuidade, que vibram numa comunicação simultaneamente física e espiritual. Vinculados um com o outro, eles estendem o Ter ao todo, e sua influência recíproca é total. A Ordem do rei Wen é o fluxo dos acontecimentos impelido pela necessidade da mudança; ela se adapta a essa *espontaneidade*, e dá mostras disso, nas próprias acepções do termo *acaso*, ao passo que a Ordem imutável de Fu Xi é constante em sua posição de excelência universal.

Encontra-se nos hexagramas essa relação entre as duas Ordens de trigramas. Para cada uma delas, os trigramas, ao se combinarem, cristalizam-se em hexagramas. A roda da Ordem de Fu Xi dá origem aos sessenta e quatro hexagramas do mesmo nome, e a roda da Ordem do rei Wen, aos sessenta e quatro hexagramas que conhecemos pelo *I Ching*; estes últimos são os limites nos quais esbarram nossas perguntas, os faróis que se iluminam de acordo com as nossas perguntas.

Os hexagramas do rei Wen dialogam com os do imperador Fu Xi. Eles pertencem à Terra e aos homens; sua particularidade é o fato de estarem em contato com o passado distante dos seres e das coisas, passado cuja jazida está no Céu, um "Céu" que não é senão todo o Cosmos.

Esclareçamos de passagem que o que os antigos chineses entendiam por Céu ou Firmamento tem também a acepção de fonte cósmica. Nesse sentido, a tríade Céu-homem-Terra deve ser compreendida como a aplicação da noção de Cosmos.

Segundo a hierarquia entre Fu Xi e o rei Wen, a primeira Ordem de trigramas é imperial e a segunda, real; uma detém um poder supremo e a outra, um mandato. Essa distinção sugere uma diferença temporal, espacial e social, ao passo que, para além das aparências, sua correlação é direta e funcional. As próprias noções de anterioridade e posterioridade vinculadas com seus nomes possuem apenas um laço aparente e constituem uma forma de apresentá-las; na realidade, trata-se antes de uma relação interior-exterior. Elas formam (como a concentração e a dispersão, a coerência e a espontaneidade, ou a contração e o desenvolvimento ulterior) um binômio que obedece às regras habituais do pensamento chinês (alternância, interdependência e harmonia), embora superando uma dependência platônica ou aristotélica entre o sutil e o material.

Com efeito, sua contigüidade leva, à primeira vista, a aproximá-las abusivamente da distinção feita por Platão entre um longínquo mundo inteligível e um mundo sensível, bem como da distinção de Aristóteles que reconhece uma dimensão celeste, "caracterizada, à falta de uma imutabilidade propriamente dita, pela regularidade imutável dos movimentos que nela se produzem", e o mundo, "domínio das coisas que 'nascem e morrem' e que estão sujeitas à contingência e ao acaso" (cf. Pierre Aubenque, "Aristote et le Lycée", em *Histoire de la Philosophie*). O próprio Wilhelm equivocou-se ao crer que era possível uma comparação desse tipo. Muito influenciado pela nossa tradição ocidental, ele escreveu em O Grande Comentário (Ta Tchouan): "Na base da realidade há um universo de imagens primeiras; elas têm sua cópia no mundo corporal, que são precisamente as coisas reais. O universo das imagens primeiras é o Céu, o universo das cópias é a Terra." Há pouco tempo, essa confusão foi

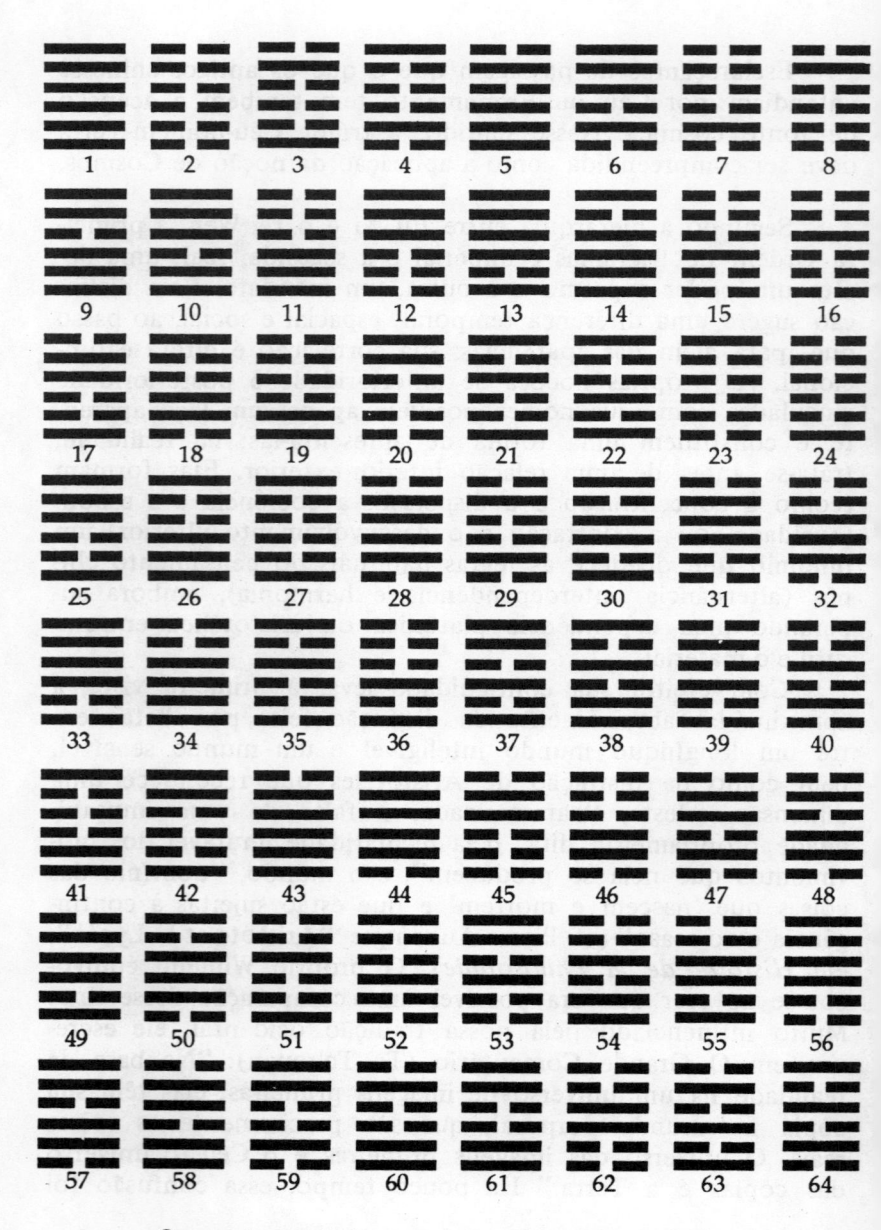

Os sessenta e quatro hexagramas segundo a Ordem do rei Wen.

enfim dissipada, de maneira muito clara, por F. Jullien, em sua obra *Procès ou Création*. Observemos de passagem que esta foi a sua resposta ao desejo de Paul Demiéville (1952) de estabelecer uma ponte entre a filosofia grega e o pensamento chinês. Segundo Platão, diz-nos Jullien, "... o demiurgo atua em função de um modelo (paradeig*matos eidos*), eterno e perfeito, do qual o objeto criado não é senão a cópia ou a imagem (*mimème*) no interior da duração: o demiurgo organiza esse mundo visível e transitório com os olhos fixados nas Idéias. Daí decorre a separação dualista que se impôs a nós de modo tão habitual que um dos mais célebres intérpretes ocidentais do *Livro das Mutações*, Richard Wilhelm, acreditou, ele também, poder perceber — tão influenciados somos pelo exemplo platônico! — essa distinção entre o modelo e a 'cópia' na relação das produções do Céu e da Terra em ação no interior da especulação do *Livro das Mutações*."

As influências entre Céu e Terra, entre invisível e visível, são indicadas nesse contexto sobretudo como pertencentes à ordem da *paridade* e da *correlatividade*, e é nisso que o pensamento chinês se diferencia das nossas construções filosóficas e se fortalece como caminho de contato, digamos, com a realidade das transformações ou com a realidade orgânica. Pois o pensamento chinês, aparentemente destinado a preferir seguir aí um caminho revolucionário, evolui ao não atribuir à criação uma deificação. J.-Ph. Schlumberger compartilha essa opinião: "Chegou-se a dizer que o Céu anterior expunha um conceito semelhante ao das 'idéias' platônicas. Platão postulava, por exemplo, que a diversidade dos homens pressupõe a existência, no plano superior da perfeição geométrica, de uma idéia do Homem da qual cada ser humano não passava de uma expressão particular" (cf. em *Yi King, principes, pratique et interprétation*).

Em suma, a China, em seu modo de pensamento, não leva o Céu (a idéia de um criador e de uma criação) a prevalecer sobre o homem e a Terra, a tal ponto que, em sua evolução, ela sequer imagina ou concebe o apoio de uma revelação.

A introdução do mito na história

Nos hexagramas, a passagem do mito à história é sugerida por duas circunstâncias bastante precisas: a primeira é mencionada no *Julgamento* do hexagrama 18, O trabalho sobre o que se deteriorou, como se em determinado momento nós nos sentíssemos sufocados por esse passado de conteúdo mítico, ou por uma história mais lenta do que a esperança, e tivéssemos necessidade de mobilizar sua influência para atualizar a nossa existência no aqui e agora.

A segunda é a mencionada na terceira linha do hexagrama 49, A revolução, a mudança. Nessa linha, podemos perceber claramente a necessidade de tocar de modo mais íntimo a natureza e a essência das coisas, a identidade pessoal e dos seres. Aprovam-se nesse contexto aqueles que se despojam de seus disfarces e que procuram desmascarar os embustes para melhor abraçarem a sua vida, o seu tempo, a sua missão. Nessa revolução, os mitos alimentam a esperança. Para ilustrar essas duas mudanças, o *I Ching* recorre a imagens:

Antes do ponto de partida, três dias.
Depois do ponto de partida, três dias.
Wilhelm, hex. 18

Se por três vezes circularam ruídos de revolução,
é possível confiar neles e se recuperará a fé.
Wilhelm, hex. 49

Bastar-nos-á aqui constatar que essa mutação, de um ponto de vista formal, se articula em torno de uma tríplice duração ou de uma ação com um ritmo de três tempos: são as três linhas de um trigrama vividas como uma forma temporal. As linhas tanto podem ser dias como retomadas, isto é, repetições de um mesmo conteúdo simbólico antes do seu cumprimento na realidade. Isso nos conduz a um dos argumentos teológicos: os sinais e coincidências o são pelo seu aparecimento e repetição, mas, quando se repetem mais de duas vezes, são compreendidos como fenômenos enraizados na existência de tudo o que existe e se tornam certezas no sentido estrito. Ao aceitar esse princípio, talvez possamos perceber o modo pelo qual os autores do *I Ching* chegaram a reconhecer o lugar dos fenômenos que servem ao oráculo, no âmbito de sua norma invariável e de seu ciclo. Para eles, os hexagramas eram coincidências repetidas três vezes, e que, em função disso, se tornaram certezas — ou seja, as coincidências que abandonaram seu invólucro de acaso para se transformarem em norma.

Entre o passado e o futuro, entre o que se deteriorou e o que advirá pela revolução, a problemática suprema no plano individual e coletivo situa-se na primazia dos mortos sobre os vivos. Em outras palavras, o domínio arcaico do mito, ao reduzir a espontaneidade e a criatividade, obriga os chineses, diante da ameaça de aniquilação de sua presença vital no aqui e agora, a negociar com prudência e habilidade sua relação com a morte e com os ancestrais. Portanto, quando é apenas uma nostalgia — como, por exemplo, a do "Paraíso Perdido" —, e não um valor para a verdadeira realização do homem, o mito se reduz a uma punição. E, em especial, uma punição diante da inteligência e da racionalidade, pois o mito não pode ser "explicado".

18   49

O hexagrama 18, que representa os pais e os defuntos, é o lugar de um aperfeiçoamento em relação ao passado mítico que deve ser revivificado, mas devemos considerar também a existência de seus aspectos excrementícios, que estabelecem uma comparação simbólica entre o mito e a fossa ou latrina.

O hexagrama 49, que traz em si também uma mudança — a revolução —, nada mais espera, em compensação, do passado e obstina-se em encontrar tudo no presente e no futuro.

O primeiro hexagrama enfrenta o passado — passado no sentido de desvalorizado, de peso morto, repleto de coisas murchas e deterioradas —; o segundo tem a sede do homem imortal no instante, mas mortal neste mundo, que deseja construir sua história ou fazer parte da história dos homens, que quer a liberdade para inventar-se a si mesmo, embora constatando em que medida sua invenção existia entre as alternativas e como sua realização se tornou possível. A atualidade de ser ou o vivido no presente levam indiscutivelmente ao outro e às coisas.

Em resumo, a revolução tem um futuro quando o nosso ego considera suas responsabilidades, e é isso o que ocorre com o confucionismo. A alquimia taoísta, por sua vez, representa um futuro que depende da relação do ego com o corpo e com a saúde. Na revolução interior, começamos a mutação da existência espiritual a partir do nosso corpo. Este, assim como o ovo, é o veículo da nova vida, e a nova vida, o veículo da consciência.

Estampilhas colocadas em caldeirões da dinastia Shang,
Museu de História, Pequim.

CAPÍTULO II

... no fundo, o primitivo só encontra significação e interesse nas ações humanas (por exemplo, nos trabalhos agrícolas, nos costumes sociais, na vida sexual, na cultura, etc.) na medida em que elas repetem os gestos revelados pelas divindades, pelos heróis civilizadores ou pelos ancestrais.

Mircea Eliade

O nome I abrange três significações: o fácil, a transformação, o permanente. O fácil é o seu caráter... A transformação é a sua força... O permanente é o seu estado.

Apócrifo chinês

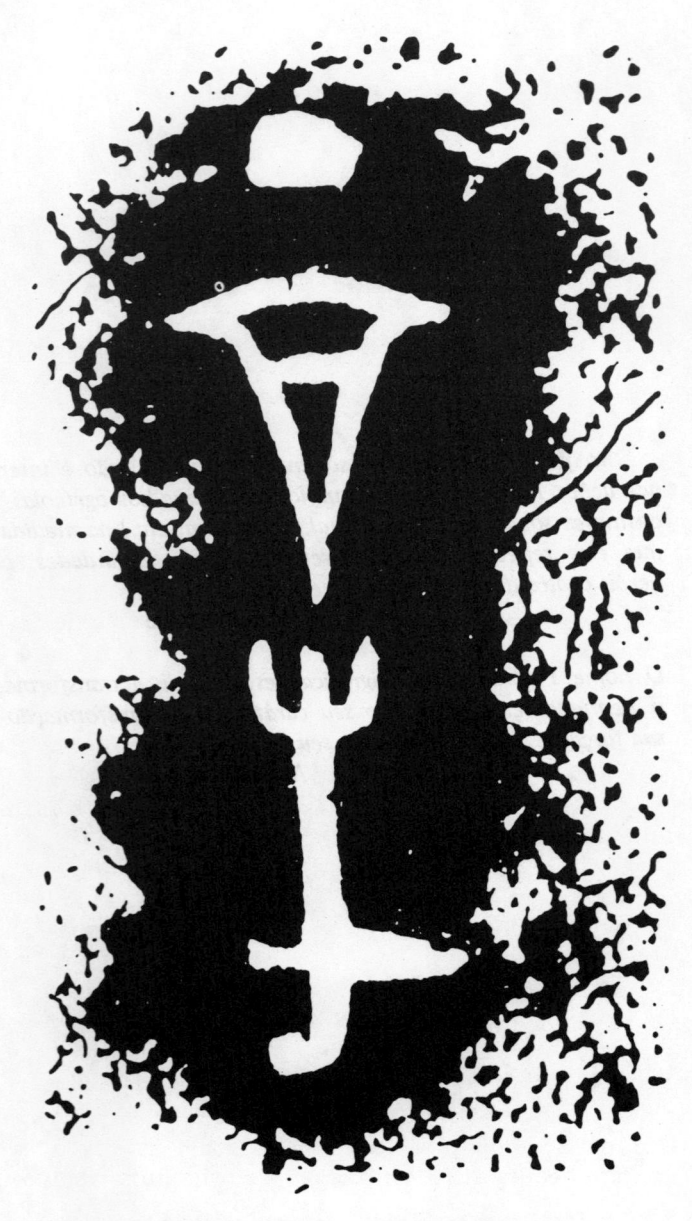

Estampilha colocada num caldeirão da dinastia Shang.

DA INVARIABILIDADE, DOS CICLOS
E DAS TRANSFORMAÇÕES

O mito chinês tem algo de comum com a invariabilidade e com a normalidade. O mito e os ciclos têm o estatuto da invariabilidade. A sílaba *I* de *I Ching*, além de suas significações habituais — facilidade ou simplicidade, alternância, modificação, substituição, transformação ou mudança —, inclui outra significação, a de permanência. Menos estrita no sentido de *I*, ela, em contrapartida, está implícita no *I Ching* enquanto paradigma. Abordaremos agora essa noção de invariabilidade. Como definir melhor o que é estável senão pelo que gravita em torno? O universo é feito de tal forma que pode autogerar-se, já que, entre a continuidade e a mutação, existe uma coerência reguladora. A invariabilidade enfatiza as leis eternas; ela se vincula com o eixo em torno do qual as coisas se transformam, é a grande viga-mestra do edifício universal. Ela se fundamenta nos trigramas e no aspecto qualitativo dos números do *Lo Shou* e do *Ho-tou*, antigas imagens rítmicas do universo que desenvolveremos num trabalho posterior (cf. Wilhelm, páginas 347-348). A invariabilidade é o Céu que produz os seres e as coisas, a Terra que os alimenta, as quatro estações que se sucedem regularmente, os cinco elementos que triunfam uns sobre os outros, o *yin* e o *yang* que se alternam, e muitos outros elementos que se percebem graças à evolução dos conhecimentos desde esses primeiros enunciados do pensamento chinês. A natureza, em suma, realiza-se por si mesma, e é pelas normas e pelos aspectos imutáveis dos acontecimentos que a sabedoria e seu grande método podem contribuir para a criação de situações duradouras. A invariabilidade é sentida sobretudo através dos ciclos, em suas contrações e expansões. Com efeito, uma grande parte das transformações é cíclica. Percebemos isso pelo retorno dos acontecimentos, pelo seu reaparecimento. A estrutura do corpo humano, tal como a da matéria e da psique, possui aspectos imutáveis animados pelos ciclos. O *Cânone das Transformações* revela a unidade do tempo e da vida por meio das repetições cíclicas. Essa concepção tem muitos elementos da reciclagem, no sentido de transformação a partir da recuperação da matéria e do passado.

O ciclo, uma presença

O ciclo não se impõe a nós como uma fronteira física — muito embora as estações sejam, de certa forma, desvios que nos obrigam a adaptar a nossa ação às restrições de suas mudanças —, mas sobretudo como uma presença que nos cerca — na frente, atrás, em cima e embaixo —, presença com a qual compartilhamos nossa aventura interior e objetiva, mental e cósmica. O tempo biológico e sazonal é circular, mas o do espírito é espiralado.

O ciclo, um caminho

Uma dimensão desse tipo suscita o espanto e mergulha na perplexidade; o ciclo remete à noção de circuito, de caminho, um caminho que vibra em uníssono com o Céu, a Terra e o homem, e que orienta o ego do indivíduo para a busca da verdade numa perspectiva e em limites mais justos diante dos aspectos essenciais da vida. O ciclo implica a noção de continuidade: o vir-a-ser guarda os ecos do passado, e estes caracterizam a consciência do ensinamento moral da natureza e do humanismo.

"Segundo a historiografia tradicional, o rei Wen, fundador da nova dinastia dos Zhou, desejou inicialmente, e por tanto tempo quanto pôde, ajudar a dinastia anterior e salvar seu soberano da ruína a que o condenara a sua imoralidade. Depois, convencido do caráter inelutável da queda iminente pela inutilidade de suas advertências, ele compôs o comentário do *Livro das Mutações* para servir de lição e de explicação geral referentes à lógica do sucesso e do fracasso, da sobrevivência e do desaparecimento" (Wang Fuzhi, segundo F. Jullien, em *Procès ou Création*).

Seguir o caminho é, portanto, seguir o ciclo e, igualmente, a linhagem.

O ciclo, uma memória

O ciclo é a memória do tempo e, para os chineses, esse tempo leva o homem a descobrir-se a si mesmo como Cosmos unido ao Cosmos. A vida, em geral, depende de uma memória universal da qual extrai a aptidão para buscar os aspectos cíclicos, o caminho invariável. Essa memória está gravada no tempo, assim como o está no equilíbrio de certas espécies animais ou no plano químico fundamental da célula. Tudo ocorre como se os estados de transformação (ar, água, fogo, mineral, vegetal, animal, humano) e os acontecimentos detivessem a propriedade de se encontrarem em conjuntos estáveis, apesar da aparência aleatória de seus movimentos. O ciclo

coloca as produções do acaso e da espontaneidade nos trilhos de um circuito, do mesmo modo como as reminiscências restabelecem o fio condutor da memória. Assim, a ordem invariável das transformações está inscrita na intimidade da mudança; ela envolve a semente e o desenvolvimento de cada transformação.

Ciclo e história

> *Por aliar constância e mudança num modo correlativo, o* Livro das Mutações *constitui a articulação central e fundadora da grande tabulação canônica; entre o* ritual, *por um lado, na medida em que ele só se vincula com a constância da norma, e, por outro, a* crônica *(as* Primaveras e outonos*), na medida em que se refere tão-somente ao curso dos acontecimentos.*
>
> Wang Fuzhi, op. cit.

O reconhecimento pelo oráculo do tempo passado, presente ou futuro depende da tomada de consciência da invariabilidade e das normas por meio da organização cíclica dos acontecimentos e das mutações. Os encadeamentos dos eventos ligados a várias dimensões, semelhantes aos de uma cerimônia, são seguidos pelo seu aparecimento cíclico, sendo essa a razão pela qual eles foram ritualizados.

Ao participar organicamente do entrelaçamento dessas mutações, o oráculo tem como objetivo indicar-nos o ciclo para que possamos inserir-nos nele. O *I Ching*, nesse sentido, revela-se um catálogo dos oráculos e, portanto, dos diferentes ciclos.

A intuição e os ciclos

A intuição despertada pelo *I Ching* vincula-se com os ciclos. Ela o faz, em primeiro lugar, para levar-nos à verificação de que nossas intuições sucessivas têm correspondências na realidade objetiva, e, depois, para permitir-nos transcender o espaço-tempo fenomênico e chegar a uma consciência do infinito em função do retorno do *mesmo*, isto é, dos aspectos constantes e invariáveis.

Com efeito, uma intuição desse tipo orienta-se espontaneamente para a experiência cósmica, estado característico de uma mística da natureza na qual se realiza a união com o universo e com a divindade. Os hexagramas, por sua vez, são ao mesmo tempo graus de uma vibração interior e de uma vibração do universo. Não conhecemos um mito sobre a intuição, mas a própria intuição é, ou possui, um fundo mítico.

O tempo cíclico nos hexagramas

Quando estudamos o *I Ching*, encontramos a referência aos ciclos clássicos dos planetas, das estações, com seu cortejo de transformações e as revoluções que delas dependem estritamente; encontramos também a menção a ciclos ligados à dimensão humana de modo mais íntimo. Ciclo dos ritos familiares ou sociais, ciclo das recompensas e dos castigos que caracterizam as decisões da justiça com relação ao nosso comportamento conflituoso ou solidário, ciclo dos efeitos vinculados com as suas causas, ciclo menstrual. A esse respeito, seria possível dizer que a mulher tem o seu "trilho"; ela vive presa aos ciclos menstruais, e o homem, à energia. Ela é a "norma" e ele, o Chi.

Às vezes a indicação do caráter rítmico de um ciclo fica ambígua em certos hexagramas. Tomemos o exemplo da primeira e da última linha do hexagrama 9, O poder de domar do pequeno, em que não é dada nenhuma noção de tempo. Trata-se justamente de voltar às tradições ou ao Caminho. Contudo, em outros hexagramas, o circuito de evolução da transformação e a duração da órbita de um ciclo estão implícitos ou são muito precisos.

O hexagrama 1, O criador, indica sempre que, ativando a novidade, desencadeamos um ciclo. O criador nasce na origem, está na origem e marca-a com o seu selo.

A segunda linha do hexagrama 3, A dificuldade inicial, fixa em *dez anos* o tempo de uma espera, a fim de que seu destino seja percorrido de maneira prudente.

A terceira linha do hexagrama 13, A comunidade com os homens, condena a desconfiança e a violência ao infligir uma punição de *três anos*.

O *Julgamento* do hexagrama 18, O trabalho sobre o que se deteriorou, fixa o início de uma transformação num prazo de alguns dias, mas de acordo com um ritmo bastante particular: *três dias* antes e *três dias* depois.

O *Julgamento* do hexagrama 19, A aproximação, estipula que, a partir desse momento, a regeneração de um movimento é uma questão de meses. É preciso prever desde já os elementos que terão início *oito meses* depois.

No caso do hexagrama 24, O retorno, o *Julgamento* anuncia que uma volta a condições favoráveis só começará *sete dias* mais tarde. Ele alude com certeza a uma perda de velocidade nas atividades que ocorre depois do solstício de inverno e que pode encerrar-se ao fim de uma semana. As *seis linhas* do hexagrama indicam também diferentes tipos de retorno às condições normais ou aos pontos de referência habituais. A última linha, no alto, anuncia que a perda do caminho — isto é, o afastamento do ponto de união dos ciclos — é uma "infelicidade ou uma derrota desastrosa", que nos mantém apartados de qualquer realização pelo período de *dez anos*.

Na terceira linha do hexagrama 27, As comissuras dos lábios, é de *dez anos* o período de tempo necessário para a recuperação do ciclo, agora longínquo, de que nos afastamos.

A sexta linha do hexagrama 29, O insondável, a água, menciona ainda uma duração de *três anos* para punir uma transgressão.

O *Julgamento* do hexagrama 35, O progresso, acumula num único dia, fato excepcional, *três* acontecimentos de igual teor. Esses retornos reiterados permitem uma melhor compreensão da realidade penetrante do nosso avanço.

Mas é possível ver uma situação inversa no hexagrama seguinte. Na primeira linha do hexagrama 36, O obscurecimento da luz, a restrição dura *três dias* e se refere igualmente à nossa alimentação. O jejum permite que se entre de novo em contato com o ciclo. As três ocorrências num único dia do hexagrama 35 são aqui seguidas por uma dieta de três dias.

O hexagrama 25, A inocência, indica sempre que, ativando a lembrança (uma lembrança em geral mítica ou arquetípica) do que fora criado, voltamos a desencadear um ciclo. A inocência aceita o que o conhecimento não pode apreender ou saber, e acredita nisso.

A primeira linha do hexagrama 47, A exaustão, é característica das provações cuja duração é de *três anos*, duração no curso da qual se escolhe mal e nada se vê.

A terceira linha do hexagrama 49, A revolução, a mudança, indica que a mudança revolucionária deve ser anunciada *três vezes* antes de concretizar-se numa ação convincente. A repetição de um sinal é o modo de perceber o sentido de evolução do presente, o encaminhamento do ciclo.

A segunda linha do hexagrama 51, O incitador (a comoção, o trovão), promete-nos a volta a condições normais em *sete dias*, assemelhando-se um pouco ao *Julgamento* do hexagrama 24, O retorno, e à segunda linha do hexagrama 63, Depois da realização.

O hexagrama 53, O desenvolvimento (o progresso gradual), indica sempre que, para fazermos uma transformação evoluir, recorremos ao passado (como no caso dos mitos); trata-se de um progresso que leva em conta tanto o passado como o futuro. Podemos então repetir um ciclo.

A quinta linha desse mesmo hexagrama relaciona o tempo dos ciclos com o da gestação. Semelhante a uma mulher que durante *três anos* não dá à luz, o indivíduo atingirá pouco a pouco a realização.

Observemos que esse hexagrama é composto dos dois trigramas de *Kou*, O trabalho sobre o que se deteriorou, o hexagrama 18, mas posicionados numa alternativa menos restritiva.

A sexta linha do hexagrama 55, A abundância, a plenitude, fixa em *três anos* o castigo infligido a alguém que não deseja olhar a realidade de frente.

No hexagrama 47, A exaustão, a mesma duração de penitência é atribuída àquele que, na solidão, vê tudo de forma negativa e exaure o seu ambiente.

A quinta linha do hexagrama 57, O doce (o penetrante, o vento), está em concordância com o *Julgamento* do hexagrama 18, O trabalho sobre o que se deteriorou: a mudança é uma questão de dias, *três dias* antes e *três dias* depois, da mesma forma como os hexagramas 63 e 64, *Depois* e *Antes* da realização, descrevem uma perspectiva pontuada de limites entre os quais se circula.

Na segunda linha do hexagrama 63, Depois da realização, assim como no hexagrama 24, O retorno, e no hexagrama 51, O incitador (a comoção, o trovão), assegura-se que o retorno às condições normais ocorrerá apenas *sete dias* depois.

Por último, a quarta linha do hexagrama 64, Antes da realização, é uma referência às recompensas recebidas, durante *três anos*, por todos aqueles que, tendo perseverado no decorrer do ciclo, colaboraram para que a coerência dos valores e das coisas fosse duradoura.

"A substância e a função, a constante e a variável, assim como os princípios do universo, estão em harmonia e em união com o Uno" (cf. *Le dressage du cheval dans le taoïsme*, trad. C. Despeux em *Le Chemin de l'éveil*).

A invariabilidade, os oito trigramas e a família

Os ciclos mantêm a coerência das coisas. Os oito trigramas cimentam a ordem interna dos ciclos, aí incluído o da célula familiar. Os atributos dos trigramas englobam as relações interdependentes entre o *pai*, a *mãe*, os *filhos* (três) e as *filhas* (três). Com efeito, a relação entre os oito trigramas e os membros de uma família obedece ao caráter ao mes-

Selos apostos em caldeirões que representam a família
(épocas Shang e Zhou).

mo tempo mítico e imutável de uma estrutura como a da família. Esta é uma entidade invariável (ou seja, estável com referência às transformações genealógicas). Ela se fundamenta nas combinações genéticas e moleculares, extremamente variáveis e, não obstante, dotadas de uma memória — memória no sentido amplo do termo, a da constituição das espécies.

O homem, que então está inscrito em combinações genéticas e moleculares variáveis e numa memória das espécies invariável, encontra-se em permanente transformação biológica, sensorial e emocional, mas conta também com normas invariáveis como a respiração, a circulação, a nutrição, a locomoção, o crescimento, a cicatrização ou regeneração, a termorregulação, a sexualidade, a memória, os mitos, a consciência, a linguagem, as religiões, os ritos e... a morte. A morte é uma norma invariável para o homem, para a fauna, a flora e as estrelas. Ora, enquanto ser social e em sua agitação vital, o homem se inscreve no interior da forma imutável da família.

A dimensão familiar do Céu é constituída pelas normas celestes do Sol, da Lua, dos planetas e das estrelas, presenças invariáveis para o homem. A noção de Cosmos é, em si mesma, a aplicação à natureza de uma dimensão familiar.

A Terra tem a sua dimensão familiar mediante a interdependência animal, mineral, vegetal e gasosa.

Os oito trigramas perpetuam essa união no particular e no geral; no diacrônico ou na simultaneidade, como uma trama, uma rede ou uma ressonância. O sistema solar é comparável à família, e esta é comparável àquele; cada um desses sistemas tem sua própria lógica, embora baseando-se numa estrutura semelhante.

Se essa estrutura de tipo familiar se adapta a outros casos é porque os laços de parentesco estão profundamente enraizados na interdependência, na complementaridade e na solidariedade. O *I Ching* usa essa imagem familiar para explicar, de maneira simultânea, a interdependência e a forma do clã. Ele usa também a relação dual, Yin-Yang, mas

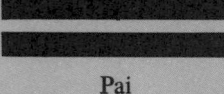

Pai
Julgamento

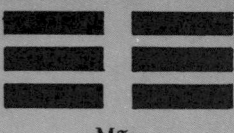

Mãe
Imagem

Filho mais velho
Primeira linha

Filha mais velha
Segunda linha

Filho do meio
Terceira linha

Filha do meio
Quarta linha

O filho mais novo
Quinta linha

A filha mais nova
Sexta linha

esta última representação é mais complexa, mais elaborada. A imagem familiar expõe a fase global da estrutura vital, ao passo que a disposição Yin-Yang enfatiza mais a fase antagonista e complementar dos elementos que a compõem.

A invariabilidade, os hexagramas e a família

O hexagrama composto de linhas contínuas, de linhas interrompidas ou de linhas contínuas e interrompidas corresponde à obra de Fu Xi. Comparado com a linguagem inventada pelo homem, ele é mítico e invariável, como se o símbolo abstrato das linhas mantivesse todo o seu predomínio sobre a linguagem escrita. A figura do hexagrama é, portanto, invariável com relação ao que foi comentado mais tarde pelo rei Wen no *Julgamento* e na *Imagem*, bem como, nas linhas, pelo seu filho, o duque de Zhou (reforçando os seus laços familiares por uma vocação comum, tal como o fizeram, mais recentemente, R. Wilhelm e seu filho Helmut).

A distribuição dos oito trigramas entre os membros de uma família é respeitada na estrutura dos hexagramas. Encontramos em cada um deles uma forma invariável. Isso aparece com clareza no *Julgamento* e na *Imagem*, que encarnam respectivamente as figuras do *pai* e da *mãe*, ao passo que as linhas ímpares personificam os *filhos* e as linhas pares, as *filhas*. Em outras palavras, o *pai*, a *mãe*, os *filhos* ou as *filhas* expõem-nos, à sua maneira, o seu ponto de vista acerca da pergunta que fizemos ao oráculo. Trata-se de um verdadeiro *conselho de família* que se reúne em torno das nossas preocupações.

Por fim, essa analogia dos oito trigramas com a família possui outra função não desprezível, a de afastar-se do intelectualismo das teorias e dos cálculos eruditos (a *ilusão* metafísica). Os valores familiares permitem uma transferência afetiva e emocional dos símbolos distantes, tais como os dos números e das transformações, que parecem impessoais ou *incondicionados*. A família tem a função de efetivar e organizar os símbolos como se estivessem tão próximos de nós quanto os membros de uma mesma família, ou seja, a função de aproximar os símbolos cada vez mais da nossa intimidade.

Assim, é no amor do vir-a-ser do universo, assim como do nosso próprio vir-a-ser, que vivemos símbolos e transformações. A exemplo do mito bíblico de Noé, acompanhado por sua mulher, pelos seus três filhos e as esposas destes, os oito trigramas defendem-nos das águas e do insondável, permitindo-nos o acesso ao arrebatamento do conhecimento.

A invariabilidade e os animais

Na China, as constantes dos ritmos cósmicos — que se tornaram, em vários casos, "ritos" e, depois, "normas de comportamento" — devem muito, sem falar da agricultura e da astronomia, à organização dinâmica e grupal dos animais. Quer pela sua presença nos mitos, pelo seu simbolismo mágico-religioso ou pelo seu papel, inspirador no xamanismo, enquanto interlocutores das forças espirituais ocultas, os animais constituem, pela sua maneira de acompanhar os ciclos e a regeneração da natureza, um dos principais fatores do despertar para as engrenagens do Céu, da Terra e do homem. Outros fatores de despertar são, diga-se de passagem, a consciência do movimento astronômico, a observação dos animais, a renovação da vegetação (os chineses consideram que apenas as plantas

recebem diretamente a energia das estrelas), as coincidências simbólicas nos sonhos, os transes e os oráculos, bem como a sua simultaneidade e a sua freqüência.

Não é nossa intenção fazer aqui um inventário completo dos animais do ecossistema chinês na época Zhou, inventário que, para ser fiel à realidade que inspirou o despertar ou a consciência do ciclo, deveria apoiar-se nas descobertas etológicas mais recentes.

Contudo, é certo que a tartaruga e sua estação de postura, a serpente e sua estação de muda, a andorinha, o sapo, o faisão, o ganso e o pato selvagem e suas estações de migração, o cavalo e o cão e seu sentido comum de orientação e de retorno, o elefante e seu rito mortuário, o rinoceronte e seu conhecimento do território, o lagarto, os peixes de água salgada, as cheias dos rios e sua relação com a Lua, para citar apenas uma pequena amostragem desses cursos da natureza, estiveram na origem das "pontes temporais" necessárias ao estabelecimento dos calendários e a certas justificações causais da ciência chinesa.

Estampilhas colocadas em caldeirões da dinastia Shang, Xangai.

CAPÍTULO III

O que é semelhante a mim pela forma, eu o aprecio e dele me sinto próximo. O que é diferente de mim pela forma, eu o temo e a ele me sinto alheio. Um ser que tem um esqueleto de sete pés, cujos membros são mãos e pés, que possui cabelos sobre a cabeça, e fileiras de dentes cerrados na boca, que anda sobre seus pés, é chamado de homem. Mas um homem pode muito bem ter um coração de animal, e não obstante, mesmo nessa circunstância, sentimo-nos aparentados com ele por ter ele a forma de um homem. Um ser provido de asas, que carrega chifres, que possui dentes separados e garras protuberantes, quer avance nos ares, quer corra sobre o chão, é um animal. Mas nada garante que um animal desse tipo não tenha um coração de homem. Contudo, mesmo que ele o tenha, por causa de sua forma, é percebido como um estranho. Fu Xi, Niu Wa, Chen Nong, Hia-heou tinham, uns o corpo de uma serpente e o rosto de um homem, (os outros) a cabeça de um touro ou o focinho de um tigre. Esses seres não tinham, portanto, uma forma humana, e, no entanto, possuíam a virtude dos grandes santos.

Lie-Tseu, *Le Vrai Classique du vide parfait*, II, XVIII, v. L. Kia-Hway e B. Grynpas.

Costumes rituais de xamã, reproduções de caldeirões da dinastia Zhou (cf. Charles D. Weber; *Chinese Pictorial Bronze Vessels of the late Chou Period*).

O BESTIÁRIO DO I CHING

Na China antiga, o mundo é quadrado. Esse quadrado é cercado por quatro montanhas em cujo sopé se encontram, ao sul, a fênix, a leste, o dragão brilhante, a oeste, o tigre mosqueado e, ao norte, a tartaruga enlaçada pela serpente.

A abóbada celeste repousa sobre esses quatro pilares. No centro, no lugar da estrela polar, eleva-se uma quinta montanha, semelhante ao eixo invisível das rotações celestes do qual depende a harmonia do Yin e do Yang.

O mundo é quadrado, seu coração, esférico, oco, invisível, mas composto pelos Cinco Picos, entre os quais o mítico Pico do Centro, onde, segundo se diz, há um licorne chamado Kin Lin que, "como o espírito ou o acaso", ronda permanentemente. A cabeça, cujo espírito esquadrinha como um licorne, assemelha-se a essas montanhas coroadas e povoadas por animais míticos. O I Ching é parecido com o mundo e com o corpo humano; seus hexagramas cingem o eixo das rotações fenomênicas.

Desde a aurora do pensamento chinês, assistiu-se ao surgimento, em sua classificação cósmica, de um simbolismo animalista. Animais reais ou imaginários são elevados à categoria mágica de intercessores junto à divindade. Eles são usados para se captarem as forças naturais por meio da magia e da alquimia, bem como para a apropriação, consciente ou inconsciente, de suas virtudes. Sabe-se que os Zhou, por volta do final de sua dinastia, tinham uma dupla concepção do defunto, atribuindo-lhe ao mesmo tempo um espírito animal e um lugar entre os ancestrais.

Era freqüente, nessa época, batizar-se o clã familiar com o nome do animal que simbolizava o seu ancestral e perpetuar dessa maneira a sua linhagem. Mais tarde, ao atribuírem às influências cósmicas e às suas ocorrências ligações com os animais tais como são apresentados no horóscopo, os chineses prolongaram num ciclo vertical o ciclo horizontal dos animais clânicos já existente. Contudo, à medida que a sociedade se afasta de seus costumes míticos e se amplia em termos numéricos, os animais clânicos são suprimidos em favor unicamente dos símbolos cósmicos. Assiste-se ao mesmo processo no âmbito dos registros de interpretação dos oito trigramas. Essa distinção contém a diferença entre o Céu anterior e o Céu posterior.

O animal foi o veículo favorito para se entrar em contato com as forças mágicas. Buscava-se também, através dele, a lógica de causa e efeito; o estudo de seu comportamento revelava sinais precursores dos fenômenos sísmicos e meteorológicos, assim como a observação dos répteis mostrava

uma concordância entre as suas reações e as fases da lua, etc. O homem esforçou-se por domar os animais que, migrando, mudando, hibernando, pareciam obedecer a um ciclo; pela força mágica, assim como pela domesticação, ele esperava também dominar as estações.

Isso quer dizer que, buscando o poder sobre os elementos naturais por intermédio dos animais, o homem descobre a coincidência e, portanto, a interdependência. Ele deseja saber mais sobre isso e dedica-se a falar aos quadrúpedes, aos pássaros e às plantas.

Essa faculdade de comunicar-se com o reino animal, inclusive com as feras mais perigosas, tornar-se-á uma característica específica dos xamãs e terminará por ser atribuída aos Imortais, cuja virtude culminava nessa familiaridade com toda a fauna circundante: tigres, panteras, crocodilos, rinocerontes, pássaros, marmotas, macacos, javalis, cervos, cavalos e tartarugas. Xamãs e Imortais têm em comum proezas que às vezes chegam ao ponto de fazê-los cavalgarem "cavalos brancos alados" e gansos selvagens para atravessarem imensas regiões. Deve-se guardar dessas fábulas o fato de que os animais serviam para perpetuar sua força de realização, que, em si mesma, já é lendária.

Os animais do horóscopo

Da abóbada macrocósmica, de onde presidem as transformações terrestres, surgem outros animais, os do horóscopo: o rato, o boi, o tigre, o coelho, o dragão, a serpente, o cavalo, o carneiro, o macaco, o galo, o cachorro, o porco. Uma grande quantidade de antigos símbolos aos quais os chineses confiam seu destino, reconhecendo neles, do mesmo modo, uma virtude específica de humanidade que os aproxima espontaneamente da piedade filial, da solidariedade estabelecida entre o caçador e a caça, e, portanto, da interdependência espacial e temporal. Assim, mesmo hoje, amar os animais ou interessar-se por eles é também uma forma de entrar em contato com o mito.

Nos animais, essa virtude de humanidade é limitada no plano da inteligência, mas tão rica quanto a do homem no que tange à vida emocional; o sofrimento e a tristeza não lhes foram poupados. Os chineses não se cansam de admirá-los, entre outros motivos, pela sua faculdade inata de reunir-se em seu clã respectivo, como uma comunidade, uma cooperativa ou uma sociedade, e sem o auxílio da razão.

Não obstante, persiste um mistério quanto à escolha dos esqueletos de animais por eles usados para gravar o oráculo. Ninguém sabe se eram procurados pelas suas qualidades míticas ou pelas suas virtudes de humanidade, muito embora elas se impliquem mutuamente. Em compensação, temos a certeza de algo: a sua grande variedade. Além das carapaças de tartaruga, podemos citar as omoplatas de porco, de boi, de carneiro, os ossos de búfalo, de baleia, de anta, de elefante, de cervo, e as conchas; os mais preciosos de todos eram os ossos de tigre. Esse interesse pelos ossos vincula-se com antigas crenças na metempsicose, das quais deriva o seu uso pelos xamãs na adivinhação (cf. James Frazer, *Spirits of the Corn and of the Wild* em M. Eliade). A adivinhação a partir dos ossos de animais selvagens ou domésticos — ou a adivinhação tal como é utilizada em nossa época, exclusivamente para conhecer o futuro — era, no pensamento arcaico, mais uma questão de ressurreição da vida que uma forma de encontrar o caminho para perpetuá-la.

O vocabulário da alquimia interior será profundamente influenciado por isso; nos exercícios físicos, inventam-se procedimentos "para conduzir o sopro do dragão" ou "o sopro da tartaruga", e a força espiritual é comparada, por exemplo, nesse contexto, à "medula da fênix do cinabre".

A farmacopéia também se inspirou nisso; ela se dedica a extrair dos animais as substâncias que permitem compor medicamentos. Preparações elaboradas são feitas a partir de elixires de animais aquáticos, de órgãos de répteis, de miolos e de sangue de tartarugas, de pó de ossos, de chifres de cervos e de esporas de galináceos. E bem conhecida a existência de todos esses animais, exceto a do unicórnio, do dragão ou da fênix, que continua inexplicada mesmo para os antigos chineses, do mesmo modo como, em nosso próprio horóscopo, as figuras humanas dos Gêmeos, da Virgem e a figura mítica do Sagitário se mesclam aos animais. Estes últimos desafiam a perspicácia daquele que busca a verdade e só aparecem em sonhos, fazendo parte do mesmo mistério que envolve a existência de Fu Xi e da concepção de uma norma interior ao mundo.

A lenda faz deles seus heróis e o *I Ching* põe-nos em cena. Sua função não é, contudo, seduzir a razão; sua verdade não reside na análise intelectual. Eles são os conceitos que remetem à antiga apreensão mágica do conhecimento dos princípios das transformações. Tais como os animais reais, foram objeto de uma "caçada fantástica"; os Zhou, de maneira inteiramente particular, transpuseram a atividade da caça ritual para os animais fantásticos e o instinto da captura da caça para o da captura do conhecimento. Eles perseguiam e domesticavam os espíritos no curso de missões e de incursões espirituais que em tudo se assemelhavam às de uma caça ritual.

Os caldeirões da época transmitem o testemunho de cenas que representam os adivinhos disfarçados de presa (tigre,

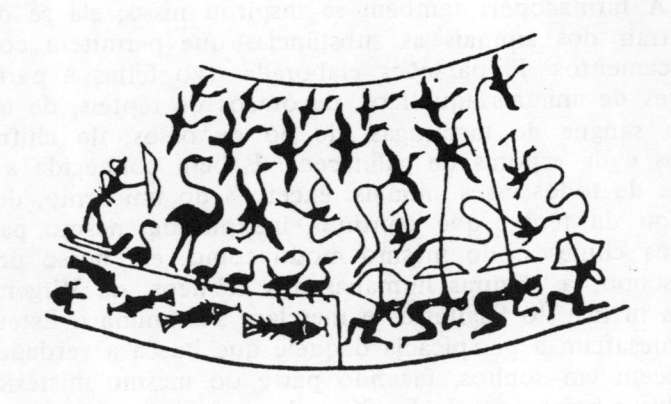

Culto às árvores e a caça ritual, motivos decorativos
de caldeirões da dinastia Zhou (cf. Charles D. Weber, *op. cit.*).

pássaro, cervo ou touro) como xamãs e cercados de arqueiros que simulam sua captura. Sem dúvida, essas cenas faziam parte tanto do treinamento do caçador como da preparação do mágico. É delas que provém o jogo dos Cinco Animais (tigre, urso, cervo, macaco e pássaro) nos movimentos físicos taoístas.

O unicórnio, o dragão e a fênix, por sua vez, indicam oportunidades, categorizam estados de transformação, delimitam o teatro dos fenômenos e o de suas repercussões. Eles servem de ponto de ligação entre o tempo e o mito. Tal como a tartaruga, estabelecem um vínculo com o sobrenatural. Em compensação, o tigre, o cavalo, o boi, a marmota, a raposa e o falcão encarnam e animam, ao lado dos animais do horóscopo, forças naturais.

Na entrada das necrópoles, na alameda de estátuas denominada caminho dos Espíritos, as fileiras têm início com os animais míticos (Kin Lin, dragão e fênix), seguidos pelos animais reais, pelos guerreiros, funcionários, dignitários, sacerdotes e pelo imperador (aquele que faz a história). A linguagem arquitetônica mostra com clareza que essa hierarquia dos animais e dos homens é também a hierarquia do mito e da história, do ser e do não-ser, do homem adormecido e do homem desperto, da vida e do seu além, precisamente localizados numa norma imutável. O imperador é mortal; quanto à necrópole, é imperecível. Os animais, esses mediadores da origem, do mistério das constelações, do poder físico e da morte, não falam e, não obstante, comunicam-se conosco.

OS ANIMAIS IMAGINÁRIOS E REAIS, SELVAGENS E DOMESTICADOS

O Kin Lin

O *Kin Lin* (unicórnio) é um dos animais mais importantes do bestiário mítico. Quando de seus aparecimentos, anuncia uma importante mudança, a vinda de um sábio ou a aproximação de uma era universal. Com sua juba de leão, seus cascos de cavalo e seu focinho de dragão, ele sempre se torna o mensageiro dos acontecimentos antigos, feéricos, e dos augúrios mais favoráveis. É a montaria do Ancestral do trovão e pode percorrer milhares de léguas num instante.

Conta-se que ele enviou um mapa mágico ao imperador Yu, fundador da dinastia Xia. Foi com esse mapa e com os oito trigramas revelados ao imperador Fu Xi que a cosmologia chinesa tomou forma. O Kin Lin, símbolo da presença súbita e transitória do signo no qual se fundamenta a confiança, é, por essa razão, associado com o *corpo espiritual* e *imortal* nas práticas alquímicas taoístas. Por muito tempo a tradição chinesa fez dele o embaixador que anunciou à mãe de Confúcio, antes do nascimento deste último, o destino excepcional de seu filho. Mas, recentemente, chegou-se ao consenso de que essa missão caberia antes à fênix. Em outras palavras, segundo se diz, a importância do pensamento de Confúcio teria sido, durante a sua vida, notavelmente mais eficiente.

Por outro lado, o simbolismo da categoria dos funcionários militares coloca-o na frente do leão, do leopardo e do tigre. Os frontões dos templos chineses representam às vezes o Kin Lin sustentando os oito trigramas do Céu anterior, os quais, segundo o mito, foram levados a Fu Xi pela tartaruga. Ele suplantou esta última como se fosse superior a ela. O *I Ching* afirma justamente essa superioridade, mas num contexto em que o estado de falta predomina. Trata-se do hexagrama 41, A diminuição, em que faltam os elementos que permitem restabelecer um equilíbrio. É desse nada que surge uma força nova. O hexagrama afirma-se de grau em grau, de linha em linha, e introduz a noção de progresso em suas duas linhas superiores, transformando a situação em seu contrário de uma maneira repentina e quase miraculosa, que faz referência à passagem do unicórnio; o texto clássico diz:

Nem mesmo dez casais de tartarugas podem opor-se a ele.

Wilhelm

Uma única tartaruga já evoca a dimensão mítica... O que pensar então de dez casais de tartarugas? O Kin Lin é o rei dos animais míticos. Ele se vincula ao destino de uma transformação que surge ou ressurge das sombras. Sem ele, não existiriam nem o *I Ching* nem, provavelmente, o homem.

O dragão

O dragão é o principal atributo do hexagrama 1, O criador, onde é designado cinco vezes. Ele é o símbolo da passagem sutil do tempo. Sua linhagem é o ziguezaguear do relâmpago, o som do furacão, o brilho supraluminoso do raio, ou ainda a notável configuração montanhosa do Himalaia até o norte da China, que sulca o território como uma vergastada.

No *I Ching*, ele representa o poder cósmico que leva à realização tal como é apresentado nos hexagramas 63 e 64: uma força celeste que só pode ser comparada às características terrestres do vento e dos sopros.

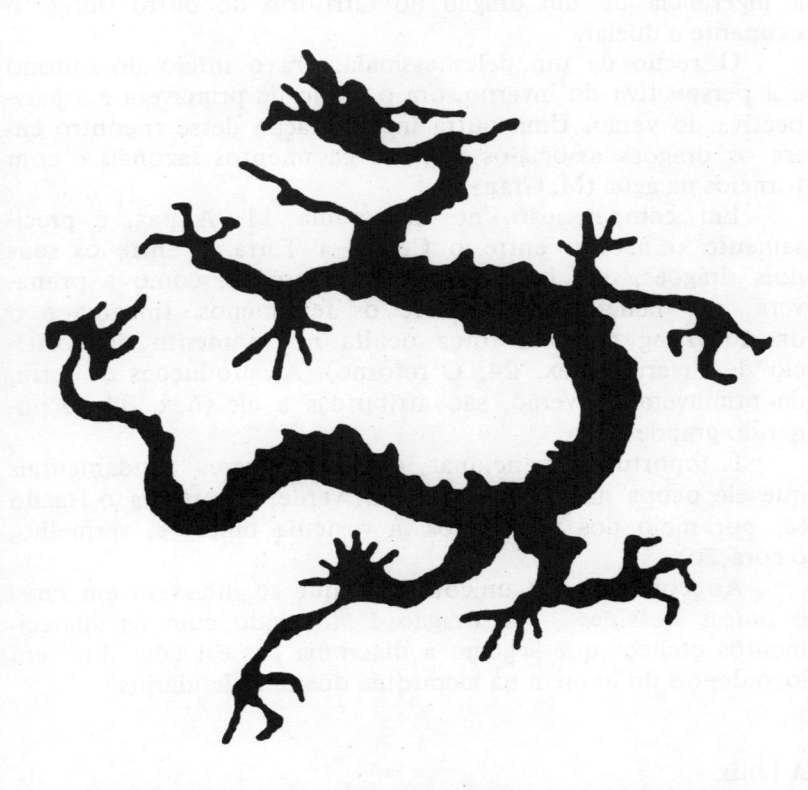

O dragão também está presente na sexta linha do hexagrama 2, O receptivo, que diz:

Dragões lutando no prado.
Seu sangue é negro e amarelo.
Wilhelm

Isso evoca a tensão que brota das profundezas da terra. Não há nada mais nefasto do que encontrar esse dragão em oposição com o do hexagrama 1. O dragão dos sopros da biosfera e o do hálito, das chuvas e das águas da terra estão em oposição no que se refere à necessidade da transformação; a ingerência de um dragão no território do outro obriga o ocupante a duelar.

O recuo de um deles assinala, ora o início do outono e a perspectiva do inverno, ora o início da primavera e a perspectiva do verão. Uma outra interpretação desse encontro entre os dragões associa-os com os casamentos sazonais e com torneios na água (M. Granet).

Em compensação, no hexagrama 11, A paz, é precisamente o acordo entre o Céu e a Terra, e entre os seus dois dragões, que faz frutificar o esforço e, como a primavera, age beneficamente sobre os fenômenos. Imagina-se o dragão Yang como a força oculta no momento do solstício de inverno (hex. 24, O retorno). As produções da terra, da primavera ao verão, são atribuídas a ele (hex. 34, O poder do grande).

É oportuno mencionar os dois lugares fundamentais que ele ocupa na alquimia taoísta: verde, representa o fígado (e, por meio dos meridianos, a vesícula biliar) e, vermelho, o coração.

Ao contrário do unicórnio — que só intervém em raras e únicas ocasiões —, o dragão é vinculado com os aparecimentos cíclicos que seguem a diacronia das estações. Ele vem logo depois do homem na hierarquia dos seres lendários.

A fênix

A fênix aparenta-se com a constelação chinesa do mesmo nome. Ligada ao verão enquanto superior ao inverno em realizações, ela também se vincula com a realização e os seus méritos (cf. hex. 63 e 64). Na hierarquia dos animais que vivem na terra e nos ares, ocupa, ao lado do unicórnio Kin

Lin, o lugar superior. Esse pássaro de luz e de fogo é associado com o vento pelo desdobramento de suas asas e pela sua velocidade, ao contrário do dragão, que, embora à vontade nos ares, graças à sutileza de sua inspiração, não voa, mas está livre de todo peso, como o trovão.

A fênix é o símbolo da paz, da abundância e da plenitude. Desejou-se às vezes identificá-la com o faisão da quinta linha do hexagrama 56, O viajante. Mas esse hiato é resolvido pela lenda que afirma ser o faisão uma fênix domesticada. Esse tipo de substituição também aparece na alquimia taoísta, embora para outros fins. Enquanto fênix amarela, assinala o lugar do baço e do estômago; enquanto faisão, o do coração e do intestino delgado. Em resumo, a fênix continua a ser uma importantíssima referência cosmológica, mas, à parte sua ligação com o trigrama Li, o fogo, não tem, no I Ching, a posição que ocupa no compêndio das bússolas geomânticas.

111

A tartaruga

A tartaruga assegura a mediação entre o reino dos mitos, dos sonhos, e a realidade. Pela sua longevidade, somente ela está em contato com esses dois mundos e os aproxima.

Faz parte dos animais lendários, pois sua duração de vida, muito superior à do homem, dá-lhe uma, ou melhor, várias ocasiões de encontrar o Kin Lin, o dragão e a fênix. Suas carapaças serviram de suporte aos primeiros pictogramas, estando, portanto, ligadas à origem da invenção da escrita. É a razão por que a tartaruga serviu de base para os pilares arquitetônicos, para as tabuletas comemorativas e para as estelas em que são imortalizados os textos clássicos. Assim como transita entre o mito e a história, ela é o traço de união entre a imagem e a letra.

A tartaruga foi usada como oferenda e, antes de qualquer invenção científica, sua carapaça acompanhava os monarcas em trânsito, que a usavam como bússola ou como um radar oracular.

À sua maneira, ela é fabulosa como a baleia e o mamute, mas suas qualidades estão essencialmente associadas com a montanha (cf. hex. 52), que é estável, serena, eterna, e assume a mediação entre Céu e Terra. A montanha é um valor imutável que também se traduz na escrita; Imortal, em chinês, compõe-se dos ideogramas homem e montanha. Um Imortal acompanhado de uma tartaruga, ou em contato com ela —

como na lenda do imperador Fu Xi — representa, entre outras coisas, a união do espaço, do homem e do tempo. A tartaruga vincula o tempo com a duração, a montanha liga o espaço da verticalidade ao tempo da imobilidade. Eis por que, pela tartaruga, estão reunidas a descoberta do *I Ching* e suas revelações. Representada com uma serpente enrolando-se em torno do seu corpo (cf. a pintura de Wu Tao Tzu, dinastia Tang, 800 d.C., no final do livro), ela ocupa na alquimia taoísta o lugar da  vesícula biliar, da bexiga e do membro viril, do qual encarna a força vital acumulada. A serpente e a tartaruga são dois animais considerados mágicos; de resto, como o observa Noldeke, "os termos hebraicos e árabes que designam a magia derivam daqueles que designam as serpentes" (*Die Schlange nach arabischem Volksglauben*, "Zeit f. Völkerpsychologie und Sprachwissenschaft", em M. Eliade, *Traité*, op. cit.)

A serpente pressagiava a transformação, a muda pontual, mas também a seca, por oposição e complementaridade com a tartaruga, aquática, inalterável e lunar. Eis o motivo pelo qual ela é encontrada no título do hexagrama 30, Aquilo que adere, o fogo, cujo ideograma *Li* representa a serpente para indicar a aderência. Não nos esqueçamos de que os corpos da mãe e do pai lendários dos chineses, Nü Wa e Fu Xi, símbolos da aderência gerada pelo Cosmos, terminavam numa cauda de serpente, e de que a lenda diz terem sido eles irmã e irmão, esposa e esposo, mas também os distribuidores da fertilidade universal (cf. o caso dos *naghas* indianos).

O tigre

O tigre é o modelo mais importante de uma força natural encarnada num animal. Os chineses consideravam-no o rei da montanha e do imutável. O cavalgar, tal como o fazem certos seres do panteão taoísta, é o sinal da realização da sabedoria. Contudo, desvelamos muitas de suas significações mais esotéricas ao conhecermos o papel que a alquimia taoísta atribui ao tigre quando o escolhe como emblema dos pulmões. O *I Ching*, ao reunir em sua efígie eminentes atributos como o discernimento, a diligência, a coragem, a atenção, a autoridade do príncipe, a intuição e a sua proximidade com relação a acontecimentos oraculares, confirma a importância que dá às práticas respiratórias.

O tigre é mencionado no *Julgamento*, na terceira e quarta linhas do hexagrama 10, O caminhar, enquanto *juiz* do nosso comportamento. Trata-se de um censor, de um supervisor que canaliza a loucura do medo e do orgulho. Ele aprova ou desaprova a nossa perspicácia de acordo com o efeito de nossas ações. O tigre é um guia, um iniciador em nossa relação com a ordem social, bem como na relação da ordem social com o sagrado. É distante como o pode ser o chefe de um ritual. Segundo os chineses, ele preside o principal ritual das destruições necessárias às transformações, derivando sua autoridade de seu parentesco com a constelação do Tigre. Ou seja, trata-se aqui do Tigre branco, que personifica a força do outono e da morte por referência ao dragão (cf. hex. 1 e 2) portador do jorro da vida.

Voltamos a encontrá-lo na quarta linha do hexagrama 27, As comissuras dos lábios, enquanto modelo de comportamento, "vigiar com olhos penetrantes, como um tigre, num desejo insaciável" (Wilhelm). Esse convite a imitarmos um tigre, ou a nos desdobrarmos num tigre, recorda-nos que, para reforçarem a conivência com o felino, o guerreiro e sobretudo o adivinho, ao consultar o oráculo, costumavam recobrir-se com a sua pele ou vestir roupas bordadas com sua efígie ou com a efígie do leopardo.

A pele de tigre e de cervo indicava a posição que diferenciava hierarquicamente as pessoas. A primeira era reservada aos chefes, aos príncipes e generais, e a segunda, aos funcionários e demais indivíduos de classe inferior; uma curiosíssima transposição quando se sabe que a presa favorita do tigre era o cervo.

Ampliando-se esse raciocínio, é possível concluir que "vigiar com olhos penetrantes, como um tigre" (Wilhelm) significa observar como o fazem um príncipe ou os personagens de uma posição superior, isto é, com o olhar perspicaz lançado sobre um cervo cobiçado.

As pesquisas de Mircea Eliade sobre o xamanismo esclarecem também essa questão. A imitação dos gestos, dos hábitos e das vozes de animais pode assemelhar-se a uma "possessão". Mas, segundo Eliade, "talvez fosse mais exato falar de *uma tomada de posse, por parte do xamã, de seus espíritos auxiliares*; é ele que *se transforma* em animal, chegando a um resultado parecido ao colocar a máscara de um animal. Ou, por outro lado, seria possível falar de uma *nova identidade* do xamã, que se torna animal-espírito, e "fala", canta ou voa como os animais e os pássaros" (cf. *Le chamanisme et les techniques archaïques de l'extase*). O tigre reaparece na quinta linha do hexagrama 49, A revolução, a mudança:

> *O grande homem muda como um tigre.*
> *Antes mesmo de consultar o oráculo, encontra fé.*
> Wilhelm

Nessa circunstância, estamos dotados de sua força como de um mandato para realizar a revolução exterior ao discernirmos o papel da morte no movimento das transformações. No caso da revolução interior, ele se vincula com o mistério e com o oráculo cujo objetivo é a liberdade. Contudo, é notável nessa sentença a proximidade do tigre (atributo, lembremos, dos pulmões, segundo a alquimia taoísta), do oráculo e da fé. O que há de importante, em termos da nossa evolução, entre a faculdade de conhecer o futuro, a fé e os pulmões? Aqui, o *I Ching* parece dizer que, a partir do momento em que age como "tigre", o indivíduo aperfeiçoa o seu ego, e o seu próprio corpo se torna então o lugar do oráculo. O indivíduo receptivo não precisa senão contemplar as sutis combinações de seus órgãos misturadas com as do sopro para obter a força da fé ou a certeza de que necessita para cumprir o seu destino. O que é mais complexo de realizar do que de enunciar. . .

Observemos agora o que distingue o tigre do hexagrama 10, O caminhar, que é juiz das nossas ações para conduzir-nos no caminho, do tigre do hexagrama 49, A revolução, a mudança, conciliador dos nossos medos, dos princípios de corrupção e de morte, ou catalisador das nossas ações para fundi-las com o ambiente. Esses dois tigres desempenham o papel de iniciadores espirituais, embora exprimindo duas experiências de consciência diferentes. De um desses hexagramas ao outro, identificamo-nos pouco a pouco com o tigre, até sabermos discriminar o desenrolar dos fenômenos (hex. 10). Ao incorporarmos "o espírito do tigre", nós o domesticamos, e ele se torna, segundo o desejo mais caro da classificação cósmica de que se originou o pensamento chinês, o nosso "espírito protetor" (hex. 49). Evocando o fascínio de J.L. Borges pelos felinos, o tigre são os tigres antes dele, os cervos e as tartarugas que ele devorou, a erva de que se alimentaram os cervos, o solo que fez a erva crescer, enfim, o Céu que iluminou o solo... Assim, o tigre fecha o círculo da interdependência.

> *Afora esses cinco animais, a arca do I Ching abrange outros que, à sua maneira, são os companheiros do despertar e da transformação. Neste livro, que é uma primeira leitura de sua significação, mencionaremos apenas aqueles que são claramente citados nos hexagramas, como o pássaro, o cavalo alado, o ganso selvagem, o galo, o passarinho, a égua, o cervo, o porco, o peixe, a raposa, o falcão, o boi, a vaca e a pantera. Outros animais, presentes como partículas nos ideogramas chineses do texto clássico, só serão interpretados parcialmente.*

Pássaro e cavalo alado

> *Outrora, um pássaro chinês deixou cair uma magnífica pluma no centro do Ocidente; era o I Ching.*

O universo, em cada um de seus instantes, migra no tempo e no espaço. A migração lhe é consubstancial; através dela, seres e coisas estão prontos a se transformarem. Esse movi-

Caça à pantera, estampa de uma pedra tumular
da dinastia Han (em *Mixian*).

A viagem espiritual, estampa de uma pedra tumular da dinastia Han (em *Mixian*).

A cavalgada do cervo, estampa de uma pedra tumular da dinastia Han (em *Mixian*).

A viagem espiritual ou a cavalgada do dragão, estampa de uma pedra tumular da dinastia Han (cf. William Charles White, *Tomb Tile Pictures of Ancient China*).

Búfalo, motivo decorativo de um caldeirão da dinastia Shang.

Motivos decorativos de dois caldeirões da dinastia Zhou.

A serpente, motivos decorativos de caldeirões da dinastia Zhou.

O pássaro, motivo decorativo de um caldeirão da dinastia Shang,
e duas estampilhas colocadas em caldeirões da dinastia Zhou.

mento não é sinônimo de desenraizamento; ele malaxa a matéria na mesma proporção em que se transforma. A incessante renovação do universo provém do seu passado; ela é a predecessora... do acaso, isto é, das coincidências cujo objetivo era a realização, coincidências que confirmam ou autorizam o seu curso. Esse acaso aflora no coração do tempo e compartilha, com os ciclos, o núcleo da vida. Também nós estamos sempre aptos a nos transformarmos pelas nossas próprias referências e ciclos, pelas nossas afeições passadas e pelas nossas próprias coincidências. Nossa transferência — ou seja, nossa transformação pela *afeição* — está igualmente sujeita ao instante único. Para perpetuar-se, o universo chega conosco à beira de um precipício cujo vazio e cujo tempo só podem ser sobrevoados por um pássaro.

Entre os hexagramas, alguns exemplificam um amplexo com o imprevisto desse acaso; no *Julgamento* do hexagrama 62, A preponderância do pequeno, esperamos inocentemente que "o pássaro que voa traga a mensagem" (Wilhelm). O pássaro estreita o laço com o que não sabemos nem captar nem viver: esse acaso arraigado na massa do tempo, com a sua promessa de movimento por meio das transformações, esses batimentos de asas e do coração.

Pelo seu contato com o ar, com os ventos e os sopros cósmicos, o pássaro pertence ao domínio do inefável, sendo essa a razão pela qual, sem dúvida, é ele um dos signos favoritos dos que estudam a ciência do futuro. "Aprender a linguagem dos animais, em primeiro lugar a dos pássaros, equivale em todo o mundo a conhecer os segredos da Natureza e, por conseguinte, a ser capaz de profetizar" (cf. M. Eliade, *op. cit.*). Esse estudo inclui a observação do vôo, do grito, mas também a determinação da espécie.

No pássaro, Céu e Terra se correspondem como as duas metades de um único signo. Na ordem do movimento, ele, pelos seus ciclos migratórios, separa o inverno da primavera, do mesmo modo como o galo delimita a fronteira do dia e da noite. A partir do momento em que o vemos, a busca se transforma; foi o que ocorreu com Noé, que, avistando-o, percebeu que o dilúvio terminara. Numerosos místicos (taoístas, budistas ou cristãos, como São Francisco), xamãs e filósofos (pensamos no caso recente de L. Wittgenstein) não hesitaram em esperá-lo e segui-lo, em sua contemplação extática, até romperem com o seu ambiente e mergulharem na solidão da charneca ou da montanha. Os antigos, rejeitando a seda, vestiam-se de peles e de lã e alimentavam-se de bolotas e de castanhas. Eles chegavam mesmo a misturar-se a manadas de quadrúpedes selvagens, sem dispersá-los, e a penetrar em agrupamentos de pássaros sem desalojá-los em absoluto. Pela sua receptividade, fizeram peregrinações do pássaro das mensagens dos ancestrais, do sentido e do vir-a-ser das coisas.

O que significa o aparecimento em nossa vida desse pássaro mensageiro? Ele é ao mesmo tempo um raio de luz e um sinal alado que separa o Sol da noite, a vida da morte, o pensamento do não-pensamento, a dúvida da certeza, que tece o laço entre o mistério e nós. Ora, a alquimia taoísta considera que o pássaro, guiado pela luz, também a reflete, e que ela lhe concede a glândula pineal, verdadeiro relógio que, no organismo, obedece a esse mesmo princípio.

O pássaro é a antecipação que voa. Presságio de uma renovação, indica o caminho para libertar o espírito da emanação dos fenômenos e para abri-lo à visão do desenvolvimento da nossa própria vida. Ele penetra o Cosmos com a sua asa, da mesma forma que o acaso de uma coincidência abre uma brecha no presente e dirige nosso olhar para uma idéia etérea, aliada ao conhecimento.

Essa nova prospectiva dá uma densidade aos nossos comportamentos, que, a partir desse momento, estarão em concordância com o acaso. Disponíveis, poderemos vê-lo passar; nós nos voltaremos para olhá-lo e para conhecer a "hora espiritual"; seremos translúcidos para que ele possa nos ver: para irmos em frente quando o acaso levanta a vela, para contemplarmos e não censurarmos, para recuarmos um passo sempre que o imprevisto caótico se destaca por detrás das coincidências, para acompanharmos a transformação até a sua realização quando os tempos se prestam a isso.

Na China, conta-se com o pássaro desde a origem da civilização. Ele é sinônimo do fogo e da luz do Céu, da luz que aclara e inspira nossas descobertas. Em seu vôo desenfreado, ele deixa vestígios enigmáticos; em sua ronda em torno dos rochedos, seus excrementos são a prova de sua vertigem no vazio. As marcas de seus pés no chão inspiraram a descoberta da escrita chinesa. O pássaro exprime uma vida que renasce, e o mago se apodera de suas penas no desejo de ressuscitar numa forma alada. Independentemente da maneira pela qual é hoje interpretado, ele é assinalado nos ossos oraculares como a divindade do vento. Nessas mesmas inscrições oraculares usava-se o desenho de sua silhueta para enfeitar o nome dos ancestrais, assim como para afirmar certas diferenças entre as dinastias. Foi o que ocorreu, sob os Yin, quando se dava o nome de "pássaros" às pessoas do povo, e, sob os Zhou, a designação de "rebentos vegetais" (cf. L. Vandermeersch, *Wangdao ou La voie royale*).

Tal como aparece no *I Ching*, o pássaro amiúde é identificado com a andorinha, com "o pássaro negro" com o qual se segue o ciclo das estações e o retorno primaveril do poderoso Criador, o hexagrama 1. O olhar inocente do animista reconhece nela o ardor e a rapidez do cavalo. A validade dessa relação é confirmada por uma estatueta em bronze da época Han que os chineses modernos escolheram como emblema de sua atividade turística; trata-se de um cavalo vigoroso que, com um de seus cascos, se apóia no pequeno corpo de uma andorinha em vôo. De algum modo, a andorinha faz dele um *cavalo alado*, um Pégaso chinês, primo do tradicional modelo grego.

Observemos a esse respeito que, na quarta linha do hexagrama 22, A graça, o *I Ching* menciona a intervenção de um cavalo alado branco, da cor dos ancestrais, mensageiro de um estado de equilíbrio entre força e modéstia:

Graça ou simplicidade? Um cavalo branco vem,
como se tivesse asas.

Wilhelm

O cavalo branco é, antes de tudo, o símbolo de êxtase e de transporte nas práticas mágicas. É o meio de obter-se o desdobramento ou saída de si mesmo, com vistas à realização da viagem mística. A esse respeito, Eliade menciona que o cavalo branco permite a "ruptura de nível", a passagem deste mundo para os outros mundos (cf. *Le Chamanisme, op. cit.*). Ora, a *graça* é, à sua maneira, uma ruptura de nível, uma passagem para a transcendência.

No taoísmo, muito próximo dessa simbologia, o cavalo é associado com a força do sopro que carrega o pensamento criador produzido pelo espírito. Um pensamento que, na inspiração, chega como uma *graça*.

Por conseguinte, o cavalo branco do hexagrama 22 sugere a rapidez, o ardor e a força de evocação do pensamento criador que chega mais veloz do que a luz, um corcel com o qual é possível viajar, elevar-se, transcender.

"Voar perseguindo um cavalo a galope" é uma descrição da mutação espiritual e física de um xamã durante o transe ou no curso de uma de suas práticas. Passar do cavalo à vaca é passar da criatividade à receptividade, deixar a discriminação pelo abandono silencioso da meditação de um indivíduo que percebe sua pertinência ao absoluto e o torna seu.

Historicamente, foi por volta de mil anos antes da nossa era, na época da redação do *I Ching*, sob a dinastia Zhou, que os homens aprenderam, na Ásia Ocidental, a montar a cavalo, aperfeiçoamento que revolucionaria a tática militar e a arte da caça, da qual o cavalo, juntamente com o falcão e o cachorro, se tornaria companheiro. O ideograma chinês *pai*, que reúne os sinais do cavalo e do garanhão, dá testemunho dos símbolos de força e de virilidade desde sempre vinculados com o cavalo.

Ganso selvagem e homem com penas

O pássaro também é encontrado no hexagrama 53, O desenvolvimento (o progresso gradual), mas desta vez na forma de um ganso selvagem que, no caso, simboliza sobretudo o contato sobrenatural com os ancestrais e o progresso, lento mas seguro, da fidelidade conjugal e da feminilidade. Um progresso mais próximo das "normas" do que da energia passageira.

Nas múltiplas e variadas representações de sua trajetória ou de seu vôo, o ganso selvagem indica o conhecimento de atitudes e de itinerários que se relacionam com a evolução interior; trata-se de uma metamorfose unida a um simbolismo animal. Pelas linhas desse hexagrama, apreciamos as sinuosidades de uma evolução que mostra a interdependência ritual do humano e do animal. Nós somos esse ganso selvagem que se dirige sem interrupções *"para a margem"*, na primeira linha, *"para a falésia"*, na segunda linha, *"para o planalto"*, na terceira, *"para a árvore"*, na quarta, *"para o cume"*, na quinta, e *"para as alturas enevoadas"*, na sexta.

O ganso selvagem transpõe cada etapa com maior ou menor felicidade, assim como obtém maior ou menor sucesso em suas escolhas de orientação. A sexta e última linha mostra uma diferença com relação aos patamares anteriores. As alturas enevoadas e as penas representam uma verdadeira apoteose; elas aludem ao vôo tal como este aparece na quarta e na quinta linha do hexagrama 1, O criador. "Subir ao Céu voando" é expresso em chinês da seguinte forma: "em meio a penas de pássaros, ele foi transformado e subiu como um Imortal; e as expressões 'sábio com penas' ou 'hospedeiro com penas' designam o sacerdote taoísta" (cf. B. Laufer, *The Prehistory of Aviation*, cit. M. Eliade).

Pode-se falar nesse hexagrama de uma façanha e de uma realização que dão ao indivíduo verdadeiras asas espirituais num vôo livre do peso dos obstáculos transpostos com brilho. Ao seguir um caminho de desenvolvimento e de progresso gradual, ele se dirigiu e se elevou com o instinto do ganso selvagem. A partir desse momento, é um homem habitado pelo espírito e provido de asas, um *homem com penas*, que aperfeiçoa o seu destino humano. Assim, esse hexagrama revela o modo pelo qual os chineses observaram os animais para

Estampa de uma pedra tumular da dinastia Han
(cf. C.W. White, op. cit.).

estabelecerem analogias com a psicologia e com o comportamento humanos.

Mencionemos por último o falcão, que aparece na sexta linha do hexagrama 40, A libertação, irmão-inimigo da andorinha e do ganso selvagem; encontrá-lo é algo tão antagônico à ação positiva do homem do caminho do *I Ching* quanto encontrar os dragões de sangue negro ou amarelo da sexta linha do hexagrama 2, O receptivo.

Galo e passarinho

Uma outra ave, doméstica — o galo —, canta na sexta linha do hexagrama 61, A verdade interior. Sua localização nesse ponto do *I Ching* é explicada de duas maneiras: essa ave terrestre, que canta o nascimento do sol, tem um papel de ligação entre a noite e o dia. É possível imaginá-lo pontual no encontro de uma transformação; assim, ele simboliza um comportamento "justo" diante do vir-a-ser.

O galo bate as asas mas não levanta vôo. Fica preso ao chão, com suas aspirações pelos grandes espaços celestes. As formas de verdade a que estamos ligados — espirituais, científicas, filosóficas — possuem "asas" e não estão menos restritas a limites. Ser verdadeiro é a única atitude que deixa nossa voz lançar sua copla triunfal e que permite à nossa verdade vibrar em uníssono com a verdade universal.

A evocação do galo é seguida, no hexagrama 62, A preponderância do pequeno, pela do pássaro, que, por sua vez, pode voar. Trata-se agora do pequeno pássaro. Ainda no ninho, ele só espera o crescimento de suas penas para iniciar seu vôo. Contudo, tanto para essas aves como para a verdade, existem inúmeros perigos. Sabemos pelos clássicos que o critério do sacrifício de toda a espécie volátil correspondia à sua cor. Essa indicação deve ser entendida tanto no sentido literal como no figurado, pois muitos indivíduos, avançados para a sua época e desejosos de despertar os contemporâneos, sofreram o mesmo destino aleatório em função das categorias do momento.

Cervo e morcego

O exemplo dos cervos que vivem em manadas serviu, segundo se pensa, para superar as dificuldades da vida individual através da elaboração das relações sociais. Na opinião dos chineses, muito antes de o budismo formular suas regras de vida, esses ruminantes são considerados modelos para o estabelecimento do que devem ser o convívio, a cooperação, as missões amigáveis e diplomáticas, e isso na própria organização clânica e familiar, assim como na concepção do casamento e da sexualidade.

3

Dessa maneira, no *I Ching*, a terceira linha do hexagrama 3, A dificuldade inicial, diz:

> *Quem caça o cervo sem guarda florestal*
> *só consegue perder-se na floresta.*
> Wilhelm

De acordo com essa sentença do *I Ching*, nossa situação precisa da presença, junto de nós, tanto do guarda florestal como do cervo. Ambos simbolizam o parceiro, o assistente ou o amigo que procuramos para superar as dificuldades inerentes aos primeiros rebentos de uma evolução.

A magia extrai da figura do cervo outros símbolos afins a essa primeira abordagem. Para além da sua postura nobre, da majestade de sua galhada, ela soube perceber a essência da energia vital do cervo: uma energia sexual capaz de ser cristalizada a ponto de fazer crescer *chifres* — extremidades apreciadas tanto entre os cervos como entre os rinocerontes. Foi a imitação dos constantes movimentos do rabo do cervo que originou o exercício de saúde do taoísmo em que a contração do períneo e dos esfíncteres acompanha a retenção do fôlego. Com efeito, do ânus, a raiz, aos cornos, seu limite corporal ou extremo superior, os taoístas traçaram um percurso destinado a renovar e a desenvolver as potencialidades desconhecidas do corpo.

Essa extensão dos limites corporais é implicitamente abordada na sexta linha do hexagrama 35, O progresso, em que o indivíduo parece capaz de ultrapassar de frente a barreira, tal como podem fazê-lo os animais com chifres (cf. Wilhelm, hex. 35, O progresso).

Toda empatia com o cervo implica o mérito de impregnar-se com a energia inferior, de transformá-la e de ramificá-la até as próprias antenas, com vistas ao desabrochar da saúde e da intuição.

O cervo é a vítima preferida do tigre. Na alquimia taoísta, ele costuma representar os rins, ao passo que o tigre assiste os pulmões. Eles estão lado a lado no combate das transformações e se perpetuam igualmente enquanto símbolos de imensa importância terapêutica: sua interdependência por meio dos meridianos faz supor que os pulmões prevalecem sobre os rins.

Assim, quando é mencionado, na terceira linha do hexagrama 3, A dificuldade inicial, o cervo significa que as provas iniciais, e sobretudo a confusão diante dos obstáculos, são tão valorizadas quanto as provações sofridas pelas partes inferiores do corpo em seu desenvolvimento biológico até atingirem a maturidade. Esse raciocínio também se aplica à dificuldade que os rins experimentam para impulsionarem a energia até os pulmões, quando os alvéolos pulmonares não estão suficientemente desenvolvidos. Todas as práticas de respiração têm como alvo assistir, reforçar a comunicação entre esses dois vasos, restabelecer um equilíbrio entre eles e tomar o lugar do seu intercâmbio.

Isso significa que, do ponto de vista da evolução psicológica, o despertar espiritual depende de uma empatia com o cervo, a tartaruga, o dragão, a fênix, o faisão e o tigre, ao mesmo tempo fenômenos, meta dos desdobramentos xamânicos e pontos cardeais; mas significa também que, de um ponto de vista estritamente fisiológico, esse despertar depende da ligação energética entre os pulmões e os rins.

Essa soma de dons faz do cervo uma efígie preciosa, companheira habitual dos oito trigramas e do morcego que amiúde ornam os talismãs. O morcego, andorinha da noite, embora não seja mencionado no *I Ching*, é valorizado pela sua intuição e pelo seu sentido de orientação em meio às sombras. Dotado das propriedades do Yang que subsistem no mais profundo do Yin, ele transmite o caráter mágico do não-ser, do não-formulado, e dá o seu símbolo ao mágico e ao xamã, que sabem ler no mistério e o futuro.

Javali, porco e peixe

Ao juntar com freqüência animais tão diferentes, o *I Ching* convida-nos a considerá-los em conjunto. O javali, inscrito no ideograma *Mong*, A loucura juvenil do hexagrama 4, é, enquanto símbolo da loucura, uma transposição da psicologia do indivíduo. A insensatez, selvagem como um javali, gulosa e fluida como a *água* do trigrama *K'an* (situado na parte inferior do hexagrama), deve ser represada com firmeza; e, representando uma força, o javali também é mencionado na sexta linha do hexagrama 38, A oposição. Além disso, o hexagrama 44, Vir ao encontro, usa esse mesmo tipo de comparação. Ao mencionar "um porco magro" (Wilhelm), ele alerta para o real perigo da ausência de critérios e da discriminação nas relações com o outro e com a realidade.

Todavia, no *I Ching* — e, naturalmente, na tradição chinesa —, o porco costuma ser apreciado pelas suas qualidades domésticas. Ele fornece um complemento de riqueza à família e, por isso, não tardou a ser associado, na China, com o sedentarismo das tribos e a ser escolhido para compor o ideograma *Kia Jen* do hexagrama 37, A família. A criação de porcos desenvolveu-se também por outro motivo: os chineses utilizavam-nos, a exemplo de uma máquina agrícola, para fazerem recuar a floresta — desbravando o terreno com os focinhos de porcos — e ganharem assim em terras cultiváveis. Além disso, o porco é mencionado ao lado do peixe no *Julgamento* do hexagrama 61, A verdade interior, já que, embora antagonistas, esses animais — como, de resto, a tartaruga e a serpente — encarnam os aspectos sombrios da terra e da água pelos quais se chega, por um lado, à prosperidade e, por outro, à verdade.

Fora da China, a união primitiva desses dois animais relaciona-se com a origem da vida. Os gregos desenvolveram uma concepção idêntica ao reunirem em suas representações artísticas o porco e o delfim. Esses animais-útero encarnaram uma perseverança vital exemplar.

O peixe, assim como o porco, é considerado a oferenda perfeita para se conseguir colheitas abundantes. Além disso, nos presságios, ele é vinculado de maneira muito específica com o conjunto dos seres e com os anos de plenitude. É assim que a quinta linha do hexagrama 23, A desintegração, coloca em pé de igualdade "um cardume" e os "favores das damas da corte", ao passo que a segunda linha do hexagrama 44, Vir ao encontro, aproxima também o peixe, isto é, a multidão dos convidados, do "porco magro", perigoso como um javali.

Da conivência entre porco (javali) e peixe, ambos pertencentes à gente inferior, guardaremos que os dois primeiros só se deixam dominar pela força, enquanto o terceiro pode ser controlado pela doçura, como ocorre nos aquários; na China, a piscicultura data de vários milênios.

Em suma, o javali, o porco e o peixe são, como o Yang e o Yin, sinônimos de *força* e de *doçura*. Contudo, existe no *I Ching* um caso em que o peixe é desvalorizado porque seu recipiente está deteriorado. Citemos a segunda linha do hexagrama 48, O poço:

> *Atira-se nos peixes à entrada do poço.*
> *O cântaro está quebrado e vazando.*
> Wilhelm

É verossímil que essa circunstância particular seja um lembrete do valor mágico atribuído à água nos sacrifícios,

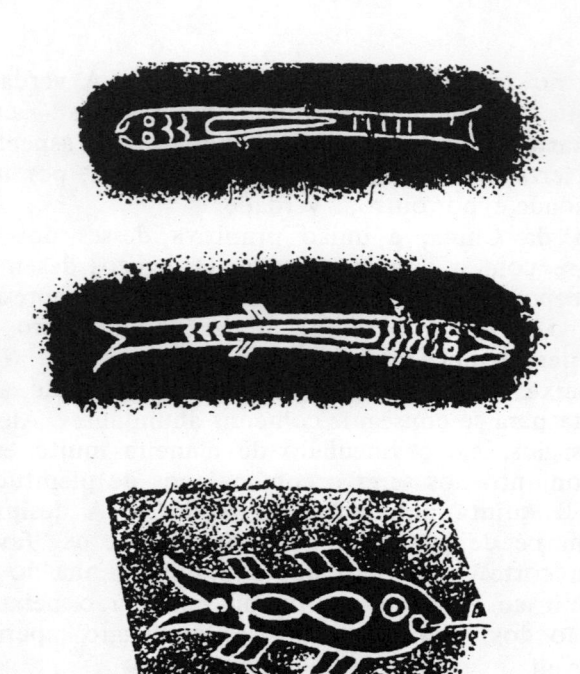

O peixe, motivos decorativos de caldeirões da dinastia Zhou.

superior ao do próprio peixe. Essa superioridade vem simplesmente do fato de que os peixes têm necessidade da água, sem que a recíproca seja verdadeira.

Raposa e falcão

O componente nefasto de espécie animal repousa na espinha dorsal da raposa. O predador aparece na segunda linha do hexagrama 40, A libertação, e no *Julgamento* do hexagrama 64, Antes da realização, sempre sob o aspecto de uma energia indesejável, mas sem chegar ao ponto de manifestar-se sob a forma humana dos íncubos, tal como surge, mais tarde, nos romances populares e nas fábulas chinesas.

O falcão, mencionado na sexta linha do hexagrama 40, compartilha sua selvageria. Raposa e falcão são rejeitados por causa de sua depredação insaciável, contrária aos *costumes* de caça das outras feras, que são reconhecidos como verdadeiros rituais. A maioria delas, uma vez aplacada a fome, pára de matar, como se obedecesse à lógica dos ciclos e da interdependência. Essa observação penetrante da psicologia dos animais e dos ritmos da natureza revela a sensibilidade ecológica dos homens daquela época.

Boi e vaca

O boi (em alguns casos, a vaca) é o emblema de certa receptividade, a um só tempo pacífica e ativa. Temos um exemplo disso no *Julgamento* do hexagrama 30, Aquilo que adere, o fogo: a noção daquilo que adere é inspirada pelo modo mediante o qual o Sol e a Lua estão vinculados, sendo encontrada também na nossa relação com o fogo (sob a condição, no entanto, de que este seja dosado de maneira adequada) ou na que estabelecemos com os animais domésticos como o porco, o cavalo, a vaca ou o boi.

O brilho do Sol sobre a Lua, o do fogo sobre a nossa pele ou o do cuidado pelos animais domésticos são equivalentes. A vaca de que é preciso "cuidar", como é dito aqui, pressupõe nossa preocupação com ela. O mamífero doméstico é cuidado e alimentado num cercado que o separa e o protege definitivamente de seus congêneres selvagens. Ele adere ao solo e às leis da interdependência veiculadas tanto

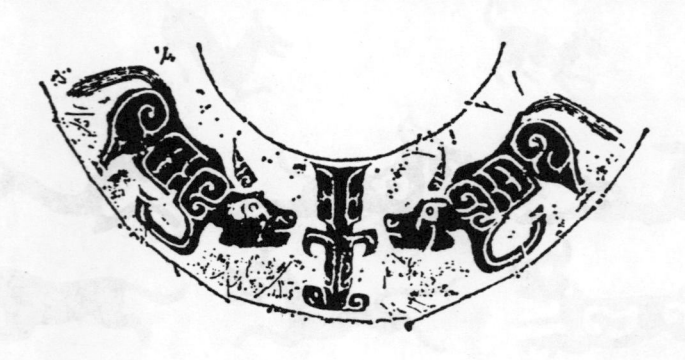

pela terra como pelo homem. Os bovinos, em particular, pela sua capacidade de convivência, fazem a energia circular como um fogo pacífico. Recordemos também, como um prolongamento posterior desses laços arcaicos com os animais, a existência dos deuses da criação, esses deuses dos estábulos, o rei dos Bois e seu boi; o deus dos chiqueiros e seu porco transcendente; o ancestral do cavalo e seu cavalo, etc.

A terceira linha do hexagrama 38, A oposição, é, como todas as terceiras linhas dos hexagramas (salvo a do hexagrama 15, A humildade), uma fase de transição. Seu avanço é freado por caluniadores, pela humilhação e pelos remorsos decorrentes, mas uma libertação acaba por ser alcançada. É dito aí:

> *Vê-se a carroça sendo arrastada para trás,*
> *os bois detidos,*
> *cortados os cabelos e o nariz de um homem.*
>
> Wilhelm

A passividade do bovino pode ser atribuída a um indivíduo que ainda não se decidiu a empreender uma mudança profunda como o é o processo do hexagrama 49, A revolução, cuja primeira linha, no caso, nos vê recobertos pela "pele de uma vaca amarela" (Wilhelm).

A sexta linha do hexagrama 56, O viajante, composto pelo trigrama *Li*, o fogo, em sua parte superior, diz:

> *O ninho do pássaro é incendiado.*
> *Primeiro o viajante ri, mas depois deve lamentar-se e gemer.*
> *Por um descuido perde sua vaca. Infortúnio.*
>
> Wilhelm

Esse infortúnio espreita o viajante que tem dificuldade para se adaptar a um ambiente desconhecido. A imagem que corresponde a esse estado é a de um pássaro (pelo seu caráter migratório) cujo "ninho é incendiado", fracassando, do mesmo modo, sua possibilidade de realização.

141

No *I Ching*, a vaca caracteriza um estado de transformação necessário à realização. Negligenciá-lo ou excluí-lo da nossa trajetória é tão nefasto quanto permitir que o fogo se apague ou, pelo contrário, que abarque tudo.

Boi e pantera

Assistimos antes às peregrinações graduais do ganso selvagem, que leva consigo o avanço até o sucesso. (hex. 53). Trata-se agora de um símbolo de transformação ainda mais poderoso, já que diz respeito à metamorfose do próprio animal. No decorrer do movimento energético do hexagrama 49, A revolução, a mudança, encontramos a mutação de uma mesma energia através de diferentes etapas vitais. Na parte inferior, no início do hexagrama, a primeira linha diz:

> *Envolvido na pele de uma vaca amarela.*
> Wilhelm

É a situação de um indivíduo amedrontado pelos acontecimentos e, em geral, pela instabilidade da vida, pronto a reagir pela fuga quando tem de enfrentar suas responsabilidades. Ele procura misturar-se a um rebanho e veste a pele de um animal herbívoro, sendo a vaca o atributo do hexagrama 2, O receptivo, e o amarelo, a cor característica da Terra. Adaptando-se às normas vigentes, através das quais procura adivinhar sua própria direção, é que ele começa a sua revolução interior e consegue encontrar o caminho da transformação. A segunda linha diz:

> *No momento certo, podes provocar uma revolução.*
> *A partida proporciona fortuna. Nenhuma culpa.*
> Wilhelm

Ela encoraja o consulente a conseguir, sem culpabilidade, sua transformação. Trata-se de fato de uma garantia que é conferida.

A terceira linha diz:

A partida traz infortúnio.
A perseverança traz perigo.
Se ruídos de revolução se fazem ouvir por três vezes,
pode-se confiar neles e se encontrará fé.

Wilhelm

Ela indica uma situação em que, pelas implicações da futura mudança, é preciso discernir, antes de agir, o sinal indiscutível do caminho a seguir. O trovão não é necessariamente perceptível ao ouvido, mas o faisão se excita e grita. Isso leva a pensar que ele troveja.

A quarta linha diz:

O remorso se dissipa. Encontra-se fé.
Mudar a ordem do Estado traz fortuna.

Wilhelm

Já não mantemos em segredo a profunda germinação que se operava; avançamos ao encontro do antagonismo com a intenção de enfrentá-lo. Torna-se possível mostrar aqui que somos capazes, não só de seguir um rebanho, mas também de beber de sua própria natureza para agir e mudar sem mais delongas.

O progresso é esclarecido na quinta linha, na qual se diz:

O grande homem muda como um tigre. Antes
mesmo de consultar o oráculo, encontra fé.

Wilhelm

O indivíduo, como um tigre, é despertado para a autonomia e iniciado no papel da destruição, sendo assistido nisso pelos próprios espíritos do oráculo. Por outro lado, a cor amarela da "pele de vaca" da primeira linha torna-se o manto amarelo-ouro zebrado de preto do carnívoro. Tudo faz supor ter existido um mito ancestral cujo protagonista era um homem-tigre, mestre da iniciação e do oráculo. Não teríamos condições de reconstituir esse mito, mas ele se torna presente graças às menções ao tigre nesses hexagramas.

Por último, a sexta linha diz, de modo geral:

O homem nobre muda como uma pantera.

Wilhelm

Isto é, como uma pantera revestida de um manto negro ondulado. O próprio sentido da revolução se realiza nessa passagem da "pele de vaca amarela" ao manto negro da pantera. Trata-se do percurso do indivíduo que transforma seu caráter transitório ou contingente, sua alienação inicial, até encarnar-se em formas, cores, modelos imutáveis, e, por conseguinte, estáveis.

Essa cronologia de identificações zoomórficas é, no mínimo, desorientadora. A passagem por todos esses animais será o processo que consiste em viver as reencarnações da hierarquia social, ou, em outras palavras, em encontrar um equilíbrio entre o estado selvagem e a natureza, entre a natureza e a cultura. A exemplo dos animais que se adaptam fazendo-se de mortos ou assumindo as formas e as cores de outro animal, da areia, das folhas, do líquen ou das esponjas, o indivíduo adapta-se aos príncipes, às castas, aos partidos, às opiniões de sua época e de seu meio, bem como a todas as formas sutis de parecer feliz ou poderoso. Em comum com o animal, ele tem a intuição, a autenticidade e o instinto de sobrevivência.

A revolução resgata o fracasso de um indivíduo que não soube ter sucesso sozinho ou longe da cultura. Ela lhe dá a ocasião de, a partir desse momento, se compor com ela e com os membros de sua comunidade. No pensamento chinês, como na maioria dos pensamentos míticos, é apenas através de uma filiação animal que se recebe uma filiação social e divina.

A fauna do I Ching

Enumeraremos agora os animais mencionados no *I Ching* e os hexagramas em que aparecem.

Animais domésticos:

O boi ou a vaca nos hexagramas 25, 30, 38 e 56. O touro (jovem) no hexagrama 26. O cavalo nos hexagramas 3, 22, 36, 38, 35 e 61. O jumento no hexagrama 2. O bode no hexagrama 34. O carneiro nos hexagramas 43 e 54. O javali e o "porco magro" nos hexagramas 4, 44 e 38. O porco no hexagrama 61.

Animais selvagens e aquáticos:

O tigre nos hexagramas 10, 27 e 49. A pantera no hexagrama 49. O cervo no hexagrama 3. A raposa nos hexagramas 40 e 64. O javali no hexagrama 26. A caça nos hexagramas 7, 8, 32 e 57. A marmota no hexagrama 35. O peixe nos hexagramas 23, 44, 48 e 61. A tartaruga nos hexagramas 41 e 42.

Pássaros e aves:

Os pássaros nos hexagramas 56 e 62. O falcão (ou águia) no hexagrama 40. O grou no hexagrama 61. O ganso selvagem no hexagrama 53. O faisão nos hexagramas 50 e 56. O galo no hexagrama 61.

Quando é associado com um animal, o homem pode ser como: o carneiro no hexagrama 43; a pantera no hexagrama 49; o javali no hexagrama 38; a raposa (a cauda) no hexagrama 63; o tigre nos hexagramas 27 e 49.

CAPÍTULO IV

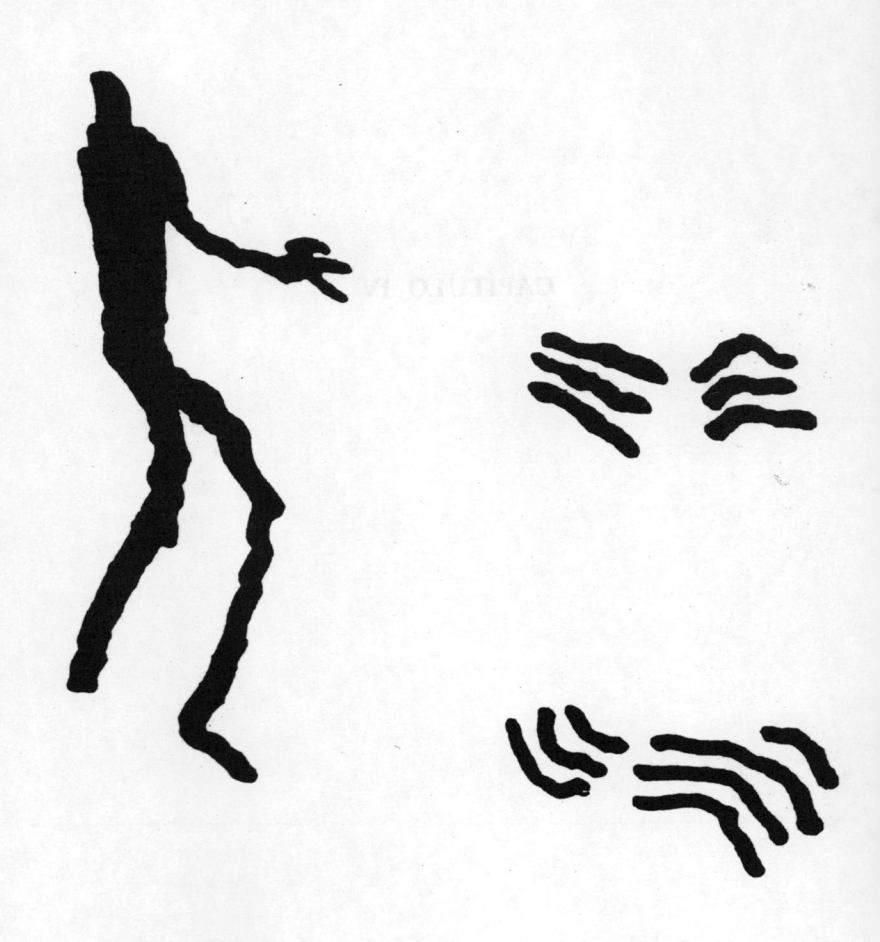

Apreender, ilustração de Henri Michaux.

O HOMEM, A ENERGIA E O I CHING

Com vistas a uma interpretação nova e mais completa do oráculo, devemos aprofundar nossos conhecimentos sobre a cosmobiologia e a fisiologia mística do taoísmo. As relações entre o organismo, suas leis e as leis da natureza são, nas práticas alquímicas taoístas, uma maneira de chegar ao Caminho. Os taoístas consideram que o corpo é um microcosmo, apreendendo o paralelismo dos seus membros e dos seus órgãos com a paisagem e os animais. É assim que se estabelece e se perpetua o contato com o mito de Pan Gu, ou o de Fu Xi com o solo, o Céu e o homem do presente e do futuro.

Segundo essa concepção, todo o corpo é gerado por uma energia invisível, comparável a uma espécie de poder vibratório como a eletricidade ou o eletromagnetismo, que se difunde pelos tecidos ósseos, medulares, sangüíneos, nervosos, epidérmicos e musculares. Essa energia fundamental rege as tensões da sexualidade, a circulação do Chi (neste caso, enquanto fluido corporal) e a circulação, mais ampla, das estações e de tudo o que está em transformação: os números, os trigramas e todas as linhas dos hexagramas do *I Ching*. A principal característica dessa energia é o modo pelo qual ela diminui e aumenta.

As trajetórias de seu aumento e de sua diminuição, de seu desabrochar e de seu enfraquecimento, suas curvas, suas evoluções, suas mudanças de acordo com ciclos foram escrupulosamente descritas pelos sábios por meio de diferentes tipos de disposição de trigramas e de hexagramas. Dia após dia, eles percorriam o universo, da Terra ao Céu, do Céu à Terra, arrolando as correlações, interpretando-as, até estabelecerem paralelos com o itinerário da energia no corpo, e especularam sobre essas ressonâncias espirituais e terapêuticas. Ao agenciarem todas essas medidas, fizeram delas um modelo de *virtude* energética, uma prática de manutenção da saúde pela integração aos ritmos cósmicos.

O *I Ching*, nesse esquema, é um padrão de medida que fixa o limite das coisas. É o esquadro de Fu Xi e o compasso de Nü Wa. Ele mede tanto o espaço, o tempo, como o corpo e suas transformações, e, embora os reinos da natureza sejam diferentes, ele faz brotar semelhanças entre os gêneros com trajetória igual de energia.

Do primeiro ao sexagésimo quarto hexagrama, o *I Ching* é a medida das transformações. Sua unidade não é o metro, o centímetro ou o milímetro, mas o hexagrama, o trigrama e a linha, que contêm referências implícitas à vacuidade, à realidade matemática, às partes do corpo, aos órgãos e às suas funções. Trata-se de uma referência invariável, que adere aos ciclos astronômicos, sazonais e fisiológicos. Quem diz *I Ching* diz ser humano, corpo e espírito no mundo. Através do oráculo, o *I Ching* sempre permite situar o indivíduo num de seus hexagramas, determinar sua transformação espiritual e fisiológica. Ele enxerta cada um dos nossos pedidos em seu próprio organismo, como uma fração da totalidade, pois nossa pergunta não é senão um propósito, um momento que se insere na rede das transformações invariáveis. Sua resposta também implica o corpo e, nisso, pode conter tanto elementos fisiológicos e energéticos, como elementos espirituais. Assim, o futuro pode ser previsto relacionando-se uma idéia, um fato, uma coisa, com os encadeamentos a que pertencem as transformações e seus ciclos.

O corpo taoísta

Às vezes, o *I Ching* menciona claramente partes do corpo; em outros momentos, referências como essas são mais secretas. É o que ocorre com a quarta linha do hexagrama 36, O obscurecimento da luz, que diz:

Ele penetra no lado esquerdo do ventre.
Chega-se ao coração do obscurecimento
da luz e se deixam para trás a porta e o pátio.

Wilhelm

De que se trata? De uma operação cirúrgica? De uma suspeita de traição? Da perda da alma? De infelicidade? A cena também poderia sugerir-nos uma proeza de xamã. Sabe-se que este último, quando deseja conseguir uma cura mágica, captura a alma desgarrada ou exorciza um objeto, um lugar, e que, insensível à dor, pode chegar mesmo a abrir o próprio abdômen. De resto, consideramos também que essa incisão, anestesiada pelo transe, estaria na origem do *sepuku*, o suicídio japonês pelo sabre.

Na adivinhação pelas varetas de milefólio ou pelas três moedas, o sentido dessa sentença é múltiplo e tende a oferecer uma resposta oracular muito ampla. Sabemos, pela sua localização, que a linha se situa entre o ventre e o coração, muito embora a expressão "o obscurecimento da nossa lucidez" não permita fixar a fonte do mal de modo detalhado. Haveria aí uma falha de precisão do *Cânone das Transformações*, ou esse tipo de limitação diz respeito às restrições do ser humano e aos seus conhecimentos parciais da vida?

Às vezes o *I Ching* não especifica nenhuma parte do corpo, mas esta se encontra implícita pela sua correspondência com as linhas do hexagrama (cf. "Le corps et l'énergie") ou com a alquimia taoísta. Esta última dimensão é expressa no *I Ching* sob a forma de metáforas, de analogias, de correlações entre o macrocosmo e o microcosmo. Ela proporciona aos órgãos um caráter que é imutável se comparado com o caráter mutável daquilo que eles assimilam, filtram e acolhem em trânsito. Para nos abrirmos a essa dimensão, temos de desenvolver algumas das noções taoístas do corpo: em primeiro lugar, influenciada nisso pelo mito de Pan Gu — o criador do universo que teve as partes do seu corpo transformadas em fauna, flora e paisagem —, a paisagem é um corpo e o corpo, uma paisagem que o olhar percorre de fora e que a concentração inspeciona de dentro (cf. K. Schipper, *Le Corps taoïste*).

É assim que, para os taoístas, morrer equivale a reintegrar-se à natureza por meio da simples assimilação. Sua concepção desposa a paisagem e empenha-se em nela encontrar seu destino. Os taoístas estabelecem uma comparação entre a terra banhada pelos oceanos, irrigada pelos rios e coberta de vegetação, sua folhagem, sua água literalmente cristalizada, e o corpo humano embebido de água (cf. hex. 29), drenado por um sistema circulatório e adornado de cabelos e de pêlos (cf. hexs. 22 e 57). Para eles, o olho esquerdo corresponde ao Sol, o direito, à Lua (cf. hex. 30 do *I Ching*, que fala do Sol e da Lua, mas que se suspeita evocar uma prática alquímica do olhar); aparentemente separados, eles se reúnem no fígado por meio dos meridianos.

Voltadas para o exterior, mas imutáveis em relação aos sons e aos odores, as orelhas e as fossas nasais têm uma receptividade diferente de acordo com a sua localização, à direita ou à esquerda do corpo. Do ponto de vista interno, as orelhas estão em contato com os rins e as fossas nasais, com os pulmões. Juntas, elas ajudam a estimular a glândula pineal.

As mãos e os pés também são animados por todas as energias flutuantes que inervam o Cosmos. Mas eles extraem sua agilidade, sua mobilidade, do pólo estável representado pelo cérebro. As espirais das impressões digitais são, por seu turno, os pontos pelos quais se sonda o poder energético da natureza.

Uma tal dinâmica entre mutável e imutável, entre variável e invariável, é ativada no interior da boca quando o maxilar superior assiste fixamente às proezas de mobilidade do maxilar inferior para falar, comer e respirar (cf. hex. 27, As comissuras dos lábios). A parte superior do palato é considerada a abóbada celeste, a parte inferior, o solo, e a língua, o coração; o conjunto relaciona-se com o estômago. Por outro lado, distinguem-se os alimentos de assimilação rápida daqueles que, pelo seu poder nutritivo, energizam o corpo em sua constituição mais íntima. Os primeiros são mutáveis; os últimos, imutáveis.

Uma escola tradicional pratica a "roda de energias" ao situar o Tai Chi no umbigo, enquanto outra localiza o centro no órgão do coração. O umbigo e o coração são dois pontos de junção das energias antagonistas e complementares. É desses papéis conjugados que nasce toda transformação fisiológica e espiritual.

O taoísmo sexualiza as idéias provenientes dos mitos e, ao fazê-lo, restaura-os. A mais original dessas idéias é, sem dúvida, a que ele descobre no órgão sexual masculino, verdadeira reflexologia genital. Essa abordagem evidencia diferentes regiões no pênis, cada uma delas correspondendo a um órgão e a um trigrama. Ao espaço entre a raiz do pênis e o prepúcio são atribuídos o baço, os rins, o estômago, os pulmões e o coração; e, ao próprio prepúcio, as glândulas sexuais, supra-renais, pituitária, pineal, o timo, o pâncreas e a tireóide. Através da massagem do membro viril durante a relação sexual, todos esses órgãos são, portanto, tonificados.

Não nos esqueçamos de que, por sua vez, o esperma representa a essência das origens e de que ele possui praticamente os mesmos atributos da unidade primordial. A utilização dessa massagem com retenção da essência seminal tem como objetivo uma reciclagem da energia corporal.

Algumas dessas correlações foram retomadas na arquitetura, cujas analogias também se vinculavam com o corpo humano: o vigamento de madeira representa o esqueleto; as bases das colunas, os pés; a fachada, o rosto; a porta, a boca, etc. As edificações, por seu turno, agrupavam-se em torno de um pátio cujo centro, à imagem do Tao, era um poço (Wilhelm, hex. 48, O poço), verdadeiro umbigo do recinto, ao passo que as cidades se desenvolviam em torno de um palácio.

O corpo e a energia

A anatomia, de acordo com o pensamento chinês, relaciona-se com os trigramas, os hexagramas e o movimento dos astros. Há várias descrições das relações entre a energia e o corpo, descrições que esclarecem o seu procedimento analógico.

A primeira descrição funda-se numa base antropomórfica. As *seis linhas* dos hexagramas representam um corte anatômico. Cada uma das partes do corpo tem seu alicerce na disposição das linhas no interior do hexagrama.

À primeira linha, pé do hexagrama, correspondem os pés, que asseguram a nossa adequada aderência ao solo e o contato com os fluxos telúricos. Eles constituem um meio de agir sobre o fígado e as glândulas sexuais.

Os dedos dos pés, os tornozelos e os calcanhares são mencionados de forma muito precisa na primeira linha de vários hexagramas para ilustrarem essa analogia. Ela diz respeito às pessoas que trabalham diretamente com a matéria: o operário, o artesão, o povo em geral.

A segunda linha relaciona-se com as pernas e os joelhos. Ela ocupa a posição atribuída ao funcionário, ao passo que, mais acima, a quinta linha, a cabeça, detém a do príncipe.

Os joelhos são para o funcionário o que a cabeça é para o príncipe; de qualquer modo, uma articulação para o bom andamento das questões. É aí que estão localizados os meridianos da vesícula biliar, da bexiga e do estômago.

A terceira linha está ligada aos intestinos, aos rins e aos órgãos genitais. Em geral, essa posição é considerada transitória e instável, fraca e inquietante, no que diz respeito ao progresso do hexagrama. Trata-se de uma espécie de peneira entre o mundo de baixo e o mundo de cima, um vínculo de transição reservado aos administradores e aos políticos.

A quarta linha é atribuída ao coração, aos pulmões e ao estômago. Ela é diagnosticada ao mesmo tempo como o centro das emoções (por exemplo, o desejo e o medo) e como o laboratório que as transmuta em confiança e em vontade. Ela aconselha como ministro.

A quinta linha é atribuída ao pescoço (a nuca), aos ombros e aos braços. É a posição do príncipe e do governante, que, como o pescoço — que reúne os nervos que vão do cérebro para o resto do corpo —, têm nas mãos todos os cordões do poder. Trata-se da encruzilhada do em cima e do embaixo, da direita e da esquerda. Sem dúvida, a sua é a melhor situação na operação alquímica estabelecida pelo hexagrama.

A sexta linha corresponde à cabeça. Ela está no alto da transformação. Trata-se de uma realização, e é justamente por ter atingido o ápice de uma evolução que sua posição é vulnerável. Ela representa o homem evoluído, a elite.

A primeira linha é subjugada, a última é realizada, e, entre elas, as linhas intermediárias se unem numa hierarquia quase sempre organizada para conceberem a transformação e a realização do hexagrama. A primeira linha corresponde aos pés, as duas últimas, aos ombros e à cabeça, e o hexagrama é reconhecido antes pelas linhas superiores, da mesma maneira que uma corrente fenomênica o é mais por seus efeitos desenvolvidos do que pelas suas causas primeiras. Em suma, o hexagrama assemelha-se ao indivíduo, mais facilmente identificável pelo rosto e pela largura dos ombros do que pelos pés.

O hexagrama como um corpo

Alguns hexagramas apresentam as partes do corpo em simetria com as linhas tais como acabam de ser descritas. É o que ocorre, por exemplo, com o hexagrama 31, A influência, que traça progressivamente um percurso da parte inferior à superior do corpo:

> *Seis no começo significa:*
> *A influência manifesta-se no dedo maior do pé.*
>
> R. W.

— Alusão aos pés e à primeira linha de um hexagrama.

Seis na segunda posição significa:
A influência manifesta-se na altura da barriga da perna.
R. W.

— Alusão à barriga da perna e à segunda linha de um hexagrama.

Nove na terceira posição significa:
A influência manifesta-se nas coxas.

R. W.

— Alusão às coxas e à terceira linha de um hexagrama.

Nove na quarta posição significa:
A perseverança traz a fortuna. O remorso desaparece. Quando um homem está agitado e seus pensamentos caminham num vaivém, só os amigos aos quais dirige seus pensamentos conscientes o seguem.

R. W.

— Alusão ao coração e à quarta linha de um hexagrama.
Observemos aqui, referindo-nos ao comentário de Wilhelm, que a "posição do coração" é a da afeição e da amizade; essa é justamente a razão pela qual os amigos aparecem na quarta linha de "o entusiasmo" (hex. 16), nos reencontros do "retorno" (cf. o *Julgamento*, hex. 24), no consolo amigo diante de "o obstáculo" (hex. 39).
A amizade é, em si mesma, entre "a alma e o amor", uma síntese de benevolência, de afinidades, de interesse e de ternura.

Nove na quinta posição significa:
A influência manifesta-se na nuca.
R. W.

— Alusão à nuca e à quinta linha de um hexagrama.

Seis no alto significa:
A influência manifesta-se nos maxilares,
nas bochechas e na língua.

R. W.

— Alusão aos ossos da cabeça, ao rosto e à sexta linha de um hexagrama.

... e o corpo como uma montanha

Isso também ocorre com o hexagrama 52, A imobilização, a montanha, cujas linhas estabelecem um paralelo semelhante:

Seis no começo significa:
Imobilização dos dedos do pé.

R. W.

— Alusão aos pés e à primeira linha de um hexagrama.

Seis na segunda posição significa:
Imobilização da barriga da perna.

R. W.

— Alusão à barriga da perna e à segunda linha de um hexagrama.

Nove na terceira posição significa:
Imobilização dos quadris. Retesamento
do osso sacro.

R. W.

— Alusão ao osso sacro e à terceira linha de um hexagrama.

Seis na quarta posição significa:
Imobilização do tronco.

R. W.

— Alusão ao tronco e à quarta linha de um hexagrama.

Seis na quinta posição significa:
Imobilização dos maxilares.

R. W.

— Alusão aos maxilares e à quinta linha de um hexagrama.

Nove no alto significa:
Imobilização magnânima.

R. W.

— Alusão à parte superior do corpo e à sexta linha, posição dos valores magnânimos. Além disso, o *Julgamento* do hexagrama 52 usa a metáfora da solidez das costas, ao mesmo tempo segura e constante como a carapaça de uma tartaruga:

Imobilização das costas ainda que não se sinta
mais o corpo.

R. W.

O objetivo dessas comparações, assim como o das linhas dos hexagramas, é conduzir o espírito para o alto, para o Céu (em parte, para o número), ou dirigir a energia dos órgãos para a cabeça. Isso serve para estabelecer contato com os ritmos do universo, com os seus ciclos, e para aproximar-se, tanto quanto possível, das coisas tais como são, sem se deixar dominar pela onda dos fenômenos.

Existe um hexagrama em que as partes da face correspondem às seis linhas. Com efeito, o hexagrama 27, As comissuras dos lábios (da primeira à sexta linha), refere-se várias vezes ao rosto. Trigramas e linhas desvelam, na realidade, os meridianos da cabeça.

A primeira linha relaciona-se com a parte inferior do rosto e, de modo mais particular, com as comissuras dos lábios. A segunda linha corresponde às fossas nasais; a terceira, às maçãs do rosto; a quarta, aos olhos; a quinta, à testa, e a sexta, à parte superior da caixa craniana.

A sentença da primeira linha é enriquecida por uma analogia com a tartaruga: a cavidade bucal corresponde ao corpo da tartaruga, o palato, à sua carapaça, e a língua, à sua cabeça. Por outro lado, a quarta linha evoca o tigre e os seus olhos penetrantes; isso talvez indique que, no que se refere à escolha do nosso alimento, só devemos confiar, à maneira do felino, na nossa intuição, no nosso instinto.

A parte da água

O recorte não é menos importante em outros hexagramas. É o que ocorre com o hexagrama 29, O insondável, a água, e com o hexagrama 30, Aquilo que adere, o fogo. Ainda que o movimento ascendente não seja explícito, é evidente que as linhas descrevem etapas de transformação, bem como as alternativas possíveis de seus estados sucessivos no interior do hexagrama.

Examinemo-los através de uma síntese: as três primeiras linhas do hexagrama 29, O insondável, a água — que, como vimos, representam sempre os membros inferiores —, mostram a sua vulnerabilidade diante do elemento predominante desse hexagrama, a água. Em sua fluidez insaciável, esta última se opõe inteiramente à aderência calorífica do hexagrama 30.

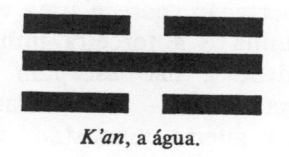

K'an, a água.

Quando o trigrama *K'an*, a água, está na parte inferior do hexagrama, o que é uma maneira figurada de assinalar sua influência sobre as pernas e os órgãos genitais, expomo-nos ao afogamento, aos perigos do abismo e do ilimitado. Quando o trigrama *K'an*, a água, está na parte superior do hexagrama — correspondendo, portanto, às partes superiores do corpo —, tocamos o mistério do universo. Por conseguinte, a quarta e a quinta linhas do hexagrama 29, O insondável, a água, são mais favoráveis do que as anteriores, pois suportam melhor esse antagonismo entre a água em suspensão na atmosfera e a água dos tecidos do corpo. Na sexta linha, que corresponde à cabeça, voltam a ser encontrados os perigos das três primeiras linhas. A parte superior do corpo é igualmente vulnerável às mudanças e aos desequilíbrios dos líquidos. Os membros inferiores são mais fragilizados a partir do interior, enquanto a cabeça pode ser inundada tanto pelas ondas exteriores como pelos pensamentos abissais. Desse modo, o hexagrama descreve as flutuações da nossa relação com o estado de transformação representado pela água e suas conseqüências sobre certas funções do corpo. É justamente para prevenir ou aliviar a retenção de água que uma das massagens taoístas é aplicada nos meridianos que atravessam as pernas, contribuindo para impedir as conseqüências perigosas anunciadas nessas linhas.

Conhecendo-se a atribuição do trigrama inferior aos pés, tornozelos, barrigas da perna e órgãos genitais, o aparecimento do trigrama *K'an*, a água, na parte inferior dos hexagramas, cria situações perigosas como as evocadas em parte pelos títulos: hexagrama 4, A loucura juvenil; hexagrama 6, O conflito; hexagrama 7, O exército; hexagrama 40, A libertação (cf. a segunda e a terceira linhas); hexagrama 47, A exaustão; hexagrama 64, Antes da realização. O hexagrama 40, A libertação, parece uma exceção diante dessa ameaça. Ora, a segunda e a terceira linhas, ao evocarem as "raposas" e os "ladrões", não escapam dos perigos engendrados pelo trigrama *K'an* — em outras palavras, loucura, conflito, exército ou guerra, exaustão, não realização, etc.

A parte do fogo

Quanto ao hexagrama 30, Aquilo que adere, o fogo, descreve, linha a linha, os diferentes estados do fogo, do lar e de suas associações com o indivíduo.

A primeira linha refere-se aos preparativos do que deve ser transformado pelo fogo. O indivíduo sem lar não possui um centro.

A segunda linha é o ato de acender a fogueira. O indivíduo cuja chama jorra é iluminado e aquecido.

A terceira linha diz respeito às oscilações das chamas que se acendem e se apagam de forma repentina, ao sabor dos acontecimentos. O indivíduo conhece o calor e o frio como a alegria e a decepção.

A quarta linha evoca um abrasamento até as cinzas. O indivíduo inflama-se e se consome até o esgotamento.

A quinta linha refere-se a um fogo fraco e a uma aderência vacilante. O indivíduo está insatisfeito com os seus desempenhos energéticos.

A sexta linha corresponde a um fogo constante e a um lar bem circunscrito. O indivíduo sabe preservar o fogo e venera o seu caráter sagrado.

A água e o fogo são os sinônimos das principais forças alquímicas vinculadas com os rins e com o coração. Atribui-se à primeira uma tendência descendente, uma energia oculta mas apreendida pelas sensações, e à segunda, uma tendência ascendente, uma lucidez captada no magma das transformações, de formas e conteúdos variáveis. E, embora o homem comporte em si a energia Yang, e a mulher, a energia Yin, num movimento dialético, a ponta do pênis corresponde à água e o clitóris, ao fogo. Entre ondas e chamas, a energia jorra como uma fonte, um jato d'água, ou se dispersa como o vapor; é apenas pelas práticas do sopro e da sexualidade que seu encontro é reavivado e sua concentração, protegida.

O amor, o conhecimento ou a arte são, portanto... aquilo que com ousadia se retira do fogo ou que se salva do abismo pelas práticas do sopro e de uma sexualidade controlada que podem penetrar neles sem se queimarem ou se afogarem.

O movimento da água e do fogo através das linhas dos hexagramas também revela o modo pelo qual esses estados de transformação expandem suas influências, suas ressonâncias, suas ascendências (cf. em particular os hexagramas 63 e 64, Depois e Antes da realização).

— A água representa a frieza interior pela qual o corpo se torna fecundo.

— O fogo é o calor interior através do qual o espírito se torna criador.

Mais tarde, água e fogo tornam-se Sol e Lua, a alma dilata-se e passa da órbita da pequena revolução interior ou microcósmica à órbita macrocósmica. É então que começa a viagem xamânica às regiões da Via-Láctea.

A mística da alquimia não apenas experimenta os estados já reconhecidos pela sua própria tradição, chegando a transformar a circulação energética a fim de curar, como também pode inspirar a criação de ações de impacto como um efeito suplementar de sua prática.

A alquimia taoísta prepara o corpo e o espírito para esse sonho, no qual se descobre — e dela se bebe, por mais imperfeita que seja — uma poção energizadora e imortal; sonho que vai da mutação à ligeireza do "vôo" e descobre recursos novos no inconsciente do indivíduo. Um sonho como o de Tchuang-tsé e da borboleta.

As mãos e o rito

Outro parentesco das linhas e dos hexagramas com o corpo é o da mão. As linhas das mãos, ao sulcarem a palma, evocam périplos passados e futuros, e os dedos falam muito sobre a vida aos chineses. Cada falange liga-se a um órgão por meio dos meridianos: o polegar corresponde aos pulmões; o indicador, ao intestino grosso; o médio, ao pericárdio; o anular, ao triplo aquecedor e o mindinho, ao intestino, correspondendo cada uma de suas articulações a um dos oito trigramas. Mas existe outra interpretação que estabelece uma correspondência entre a palma da mão e a disposição dos oito trigramas mais estáveis e imutáveis da Ordem de Fu Xi, o Céu anterior, e entre os dedos e a disposição dos oito trigramas das transformações terrestres e humanas da Ordem do rei Wen, o Céu posterior. Os dedos dos pés mantêm uma relação comparável à das mãos: o dedo maior corresponde ao baço; o segundo dedo, ao fígado; o terceiro, ao estômago; o quarto, à vesícula biliar; o quinto, à bexiga, e o centro da planta do pé, aos rins. As impressões digitais das mãos e dos pés constituem pontos de referência para se captar a energia da trama celeste; eis por que os chineses aperfeiçoavam movimentos de dança para estabelecerem comunicação com a constelação da Ursa Maior, agente da ordem do tempo cujas estrelas iluminam e regem o percurso fundamental de cada indivíduo e relógio pelo qual o Cosmos indica o ciclo das estações.

Além disso, semelhantes aos mudras, e para fins tonificantes nos asanas do ioga, duas posições das mãos exprimem o trigrama *K'ien*, o Céu, e o trigrama *K'ouen*, a Terra. Com os punhos fechados, o interstício das falanges desenha três linhas Yin ou três linhas Yang, segundo as mãos estejam unidas ou afastadas. Assim, os punhos, pólos de energia concentrada, podem formar os trigramas *K'ien* e *K'ouen*. O lado esquerdo do corpo é considerado Yang e abriga um número de artérias maior do que o lado direito, Yin, que reúne uma quantidade maior de veias. A mão direita veicula o sangue, a mão esquerda, a energia. Ao se aproximar uma da outra, sangue e energia se unem. Um dos meios de preservar a energia, que costuma dispersar-se pelas mãos, é justamente fechar os punhos. O rito transmite esse dado.

A energia da Lua e dos trigramas

Existe uma descrição na qual intervém o macrocosmo. As oito partes do corpo são regiões de afinidades, tanto simbólicas como orgânicas, que compartilham suas influências com as oito casas lunares, da lua nova ao plenilúnio, passando pelo crescimento dos quartos, do primeiro ao último:

O trigrama *K'ien* corresponde à cabeça e ao espírito do homem. O trigrama *K'ouen*, ao ventre. O trigrama *Tchen*, aos pés. O trigrama *K'an*, ao sangue. O trigrama *K'en*, aos dedos e às mãos. O trigrama *Souen*, ao sopro e aos pulmões (e, às vezes, aos olhos, como no hexagrama 20, A contemplação, a vista). O trigrama *Li*, aos olhos (e às vezes ao sopro). O trigrama *Touei*, à boca e à língua.

A circulação do microcosmo e do macrocosmo

A prática do sopro e da concentração da energia psíquica consiste em reconhecer o percurso da energia vital que vai do microcosmo ao macrocosmo e em seguir seus entrelaçamentos. Esses meridianos são estradas, caminhos; alguns deles permitem que se dialogue com o Céu anterior, a estrutura diamantina dos fenômenos, enquanto outros favorecem o diálogo com o Céu posterior, seu sopro-espírito encarnado em nosso universo.

Abrem-se dessa maneira os canais nos quais deve circular a energia que passa da esfera anatômica para a esfera cósmica. A interdependência, no sentido mais amplo, é aplicada através desse tipo de entrelaçamentos, já que eles unem as diferentes partes do organismo humano aos trigramas e aos hexagramas. O mesmo ocorre com os doze animais do horóscopo chinês, que dialogam tanto com as estrelas e sua disposição em constelações como com o homem, por intermédio de seus órgãos e de seus membros, e a paisagem. Através do seu nascimento, todo indivíduo corresponde a um desses doze animais, ao passo que o Céu, de maneira correlata, faz as constelações agirem segundo a simbologia animalista; todos os anos ele faz nascer um animal como se fosse o órgão de um corpo cósmico que atinge a completude no final de um ciclo de doze anos. Assim, podemos conjeturar ser cada um desses ciclos a gestação de um organismo, o organismo de um "ser cósmico". Todo o Cosmos está povoado por esses seres cósmicos, entidades energéticas ou "espíritos" de bilhões de anos, cuja gestação, não obstante, teve a duração de doze anos.

O esboço da alquimia taoísta

A descrição que agora apresentamos é, do nosso ponto de vista, a mais precisa, e, com certeza, a mais misteriosa, referente à relação interior-exterior, ao alinhamento da personalidade no universo e vice-versa. Trata-se de um verdadeiro relógio alquímico, no qual soam as horas da coincidência e das convergências energéticas; o aumento do Yang e a diminuição do Yin são seguidos pela sua reviravolta. Um indivíduo está sentado em posição de meditação, cercado de hexagramas e coroado de luas. No interior do seu corpo habita um caldeirão do qual se eleva, paralelo à coluna vertebral, um eixo de cinco níveis. No exterior, doze hexagramas, um para cada mês do ano, fazem eco a doze pontos do corpo. A energia que o percorre deve inevitavelmente crescer e decrescer, da mesma forma que o tempo se renova através de ciclos. De alto a baixo, trata-se de:

Hexagrama 24, O retorno. *Em correspondência com o mês de dezembro (do dia 7 ao dia 22) e com o solstício de inverno, ele se situa na região das glândulas sexuais denominada Palácio do esperma.*

Hexagrama 19, A aproximação. *Em correspondência com o mês de janeiro (do dia 6 ao dia 21), situa-se na região do cóccix e do osso sacro — região denominada Porta da vida —, e relaciona-se com os rins.*

Hexagrama 11, A paz. *Em correspondência com o mês de fevereiro (do dia 5 ao dia 20), situa-se na região das glândulas supra-renais, no nível do plexo solar.*

Hexagrama 34, O poder do grande, ou do homem. *Em correspondência com o mês de março (do dia 7 ao dia*

22), situa-se na região das vértebras dorsais e no nível do coração.

Hexagrama 43, A irrupção, a resolução. *Em correspondência com o mês de abril (do dia 6 ao dia 21) e de maio, situa-se na região da nuca e é atribuído ao sistema nervoso central, ao hipotálamo e ao cerebelo.*

Hexagrama 1, O criador. *Em correspondência com o mês de maio (do dia 6 ao dia 22), situa-se no meio da caixa craniana, sendo atribuído à sensibilidade e ao ciclo sexual.*

Hexagrama 44, Vir ao encontro. *Em correspondência com o mês de junho (do dia 7 ao dia 22), situa-se no topo do crânio e é atribuído à coroa do corpo energético.*

Hexagrama 33, A retirada. *Em correspondência com o mês de julho (do dia 8 ao dia 24), situa-se no alto da testa, na região do terceiro olho, denominada Palácio de cristal, e desce até a ponta do nariz.*

Hexagrama 12, A estagnação. *Em correspondência com o mês de agosto (do dia 8 ao dia 24), situa-se entre a região do timo e do coração e a região da tireóide e da garganta.*

Hexagrama 20, A contemplação, a vista. *Em correspondência com o mês de setembro (do dia 8 ao dia 24), situa-se na região do plexo solar e do pâncreas.*

Hexagrama 23, A desintegração. *Em correspondência com o mês de outubro (do dia 9 ao dia 24), situa-se na região do umbigo.*

Hexagrama 2, O receptivo. *Em correspondência com o mês de novembro (do dia 8 ao dia 23), situa-se na região do períneo e se estende até os dedos do pé.*

Rede de correspondências

Linhas interrompidas e linhas contínuas, numa contradança, atiçam ou apagam a energia que circula através da medula, dos ossos, das membranas e da pele nos diferentes

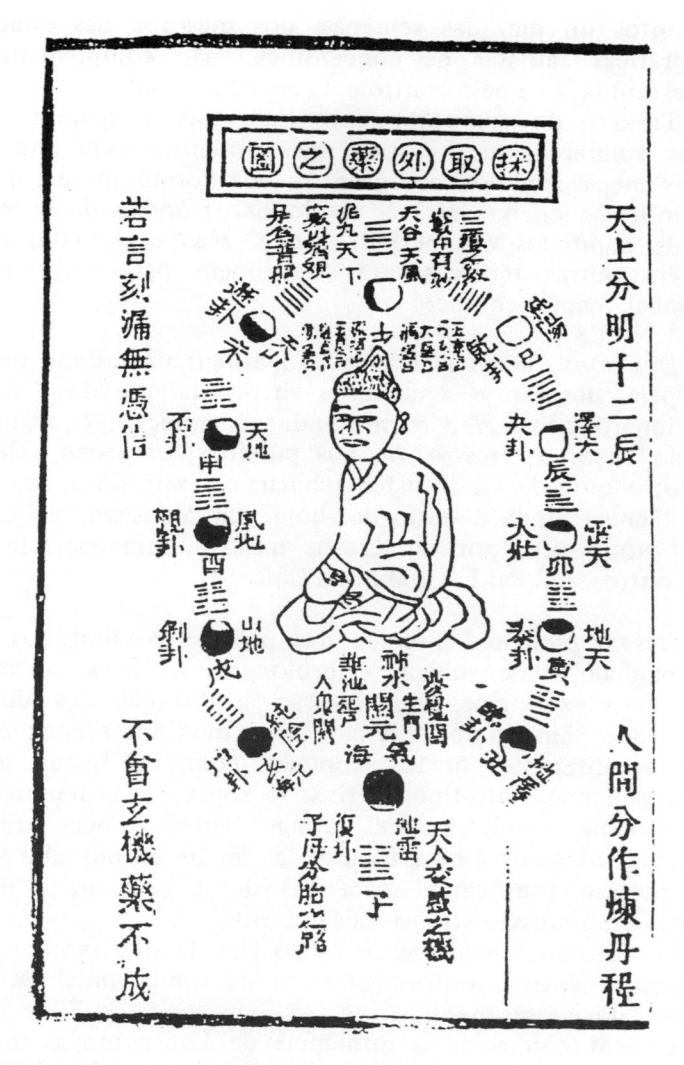

Diagrama das lunações e dos doze hexagramas segundo "o regime do fogo quando da revolução celeste", extraído de um manuscrito taoísta de 1615 que em tudo se assemelha ao do *Qiaoqiao dongzhang*, que data do século XIX, em C. Despeux, *La Moelle du Phénix rouge* (consultar também a lista de "cardápios alquímicos").

momentos do dia, das semanas, dos meses e das estações. As práticas taoístas de concentração são complementadas pela estimulação e pelo controle da energia sexual.

Trata-se do comportamento que mais se aparenta com o dos animais e da logística mais poderosa para impulsionar as mensagens dos neurônios e dos hormônios e para fazer brilhar a energia através de todos os órgãos do corpo, a fim de mantê-los em perfeita saúde. Mas os taoístas usam também outras técnicas que contribuem para esse despertar global. Vamos enumerá-las.

Dos sons. Técnica destinada a atingir um estado de êxtase pela vibração e a captar a virtude latente dos "sons". O primeiro som, *He*, corresponde ao coração; o segundo, *Hu*, ao baço; o terceiro, *Si*, aos pulmões; o quarto, *Xu*, ao fígado; o quinto, *Xi*, à vesícula biliar; o sexto, *Chui*, aos rins. Essa técnica ainda é ensinada, hoje, em Maoshan, na China e no estrangeiro, por numerosos mestres chineses; citemos, entre outros, Liu Pai Lin e Mantak Chia.

Das respirações. Técnica das práticas respiratórias que acompanham, desenvolvem e prolongam os sons, os movimentos, os exercícios de meditação, a absorção dos alimentos, e que têm como objetivo tecer uma interdependência entre os diferentes órgãos: coração, pulmões, fígado, estômago, pâncreas, intestinos e rins. O sopro, considerado embrionário no estado natural, atinge também, pela prática, a medula, os ossos e os músculos, a fim de proporcionar-lhes uma pressão tonificante suscetível de compensar, a partir do interior, a pressão atmosférica exterior.

Por último, encontramos outro círculo que vem se aliar aos ciclos dessas transformações: o da ronda anual da Lua e de suas doze fases mensais.

É bem conhecida a influência da Lua sobre as marés. Os seus efeitos sobre o corpo continuam inexplorados, exceto pelos taoístas, que vêem aí a necessidade de estender suas práticas ao sangue, à saliva, ao líquido céfalorraquidiano e ao esperma, como se estes também fossem animados pelo fluxo e pelo refluxo das marés.

Dos movimentos. Técnica destinada a obter a harmonia pelo movimento e no movimento. Trata-se dos cento e oito movimentos do Tai Chi Chuan, assim como dos movimentos terapêuticos como os do Chi Kong, aos quais são acrescentadas massagens e a acupuntura, que exercem uma ação terapêutica sobre os órgãos.

Das massagens. Técnica denominada *daoyin* (semelhante ao *do in* japonês), que consiste numa aplicação das mãos, aquecidas de antemão, sobre diferentes partes do corpo. Tem como objetivo estimular a circulação das energias, do sopro (Chi), e reforçar o sistema imunológico. É empregada para aliviar uma imensa variedade de dores e perturbações.

Das meditações. Técnica destinada a obter a harmonia pela imobilidade, pela meditação na calma, a fim de aumentar o poder da concentração. Essas meditações destinam-se a recolher a energia.

Dos alimentos. Técnica dietética à base de alimentos equilibrados, segundo o princípio Yin-Yang. Esses alimentos, constituídos principalmente de plantas, de raízes e cogumelos, visam conservar a energia despertada e manter a saúde. A união entre o espírito, o corpo e a natureza encontra no alimento um caminho que permite a integração aos ritmos cósmicos.

Como sabemos, nosso panorama é sumário; apesar disso, ele dá conta das possibilidades e das bifurcações que podem ter início tanto por uma consulta ao oráculo como pelo estudo teórico do *I Ching*. Paradoxalmente, essas práticas rigorosas não excluem a mais perfeita espontaneidade e pressupõem uma ascensão da energia no corpo e do espírito para o Céu. O estofo dos astros é "tecido" com o espírito dos homens, e este último, com os hexagramas.

As bússolas geomânticas

Encontramos nas bússolas geomânticas uma última descrição desse acordo entre o macrocosmo e o microcosmo. Esse compêndio das ressonâncias entre o Cosmos, a Terra e o homem encerra uma verdadeira bússola, e os oito trigramas da Ordem de Fu Xi piscam ao lado das constelações como a pupila do olho do próprio imperador.

A espiral dos ciclos ondula do Cosmos, ao mesmo tempo éter e eternidade, à anatomia e à energia do homem ao manifestar as relações entre as energias cósmicas e a geomancia chinesa (*Feng shui*), encarregada de revelar as influências telúricas dos sítios, bem como os lugares privilegiados nos quais desejamos unir-nos à natureza depois da nossa morte.

Mas, muito antes da criação das bússolas geomânticas, o olhar se volta para os espelhos mágicos e para os compassos magnéticos, tais como os da época Han (206 a.C. – 220 d.C.), dotados de um prato de adivinhação pendente de uma colher, verdadeiros ancestrais da bússola usada mais tarde na navegação.

O conjunto desses conhecimentos foi captado pela própria prática do *I Ching*, alimentada sem cessar pelo oráculo. Esperava-se, portanto, encontrar muitas outras correlações, muitas outras convergências decorrentes dessas descrições. É verdade que elas existem, mas durante vários anos a preocupação de manter secretas as teorias e as práticas ligadas a essa ciência entravou o seu florescimento. É curioso notar que o desaparecimento progressivo da cosmologia e das formas de cultura outrora elaboradas na China coincide hoje, no Ocidente, com um interesse renovado por essas práticas e pelas primeiras descobertas técnicas e científicas chinesas. Parece-nos que o conjunto desses elementos convergentes é, em si mesmo, a demonstração de que o acaso – aqui, o das consultas oraculares – tende a levar toda forma de consciência a uma rede interdependente mais vasta, mais complexa, até mesmo universal.

A bússola geomântica: guia de todos os itinerários.

O oráculo, o mito e a história

No começo do caminho e do rito
houve uma esfera, um disco de jade.
A totalidade está na esfera; no ciclo,
assim como no ovo primordial. A esfera é a forma do
tempo, o ciclo, o seu movimento e a sua duração.
O movimento do tempo das transformações parece
circular, envolvendo como um círculo. Ele compreende
os números, os graus, os fenômenos, os homens
e as mulheres, a fauna e a flora, que esperam
a sua emergência e a sua convergência.

Para concluir, o Céu, em seu começo, era a unidade arrancada da sua própria abundância. O disco de jade (*bi*), símbolo da ascensão e da elevação, que aparece com o rito ou pelo rito, é um germe do conhecimento do Céu... Infinito e circular, seu começo não cessou de desenrolar-se.

O sentido da história do *I Ching* encontra-se nessa unidade, na moralidade e nos conhecimentos fundamentais daí decorrentes. Do disco de jade à bússola geomântica, uma mesma esfera virtual, uma mesma circunferência para cingir a totalidade, um prolongamento que vai da simplicidade ao conhecimento, como se o conteúdo da bússola fosse o do ovo primordial.

O ovo primordial, o disco de jade, a esfera, são o centro de uma fusão; as bússolas geomânticas impressas com as constelações, os pontos cardeais, os trigramas, os hexagramas, os ideogramas em torno da verdadeira bússola, descrevem as veias, os músculos, os nervos dessa fusão.

Pan Gu, segurando o ovo primordial, anuncia o alquimista que mantém o espírito imóvel e capta a energia criadora como "um dragão cultivando a sua pérola (ou) a galinha que choca o seu ovo", "como a ostra protegendo a sua pérola, a lebre acarinhando o seu embrião" ou "como o rinoceronte olhando as estrelas" (cf. C. Despeux, op. cit.). Pan Gu é o geomante que sustenta a bússola como *programa* da unidade primordial; é a partir dela que se abre, para o homem, a possibilidade de gerar a vida e, assim, de repetir a ação original por excelência: a criação da vida.

Essa esfericidade, símbolo da perfeição e da totalidade (ela reúne os contrários), é sinal de androginia. O Cosmos é andrógino como alguns deuses. "O mito do andrógino esférico liga-se também ao do ovo cosmogônico" (cf. M. Eliade, op. cit.). Pan Gu, enquanto Pai cósmico, divino e bissexual como Fu Xi e Nü Wa, choca um par de energias. Nisso, vincula-se com a tradição taoísta segundo a qual, no começo, era um ovo, uma unidade de sopros sexuados de que se destacaram o Céu e a Terra.

O oráculo tende também a usar os sexos como princípios teóricos e filosóficos. Ele parece impregnado de uma neutralidade que não é senão uma forma de manifestar essa androginia do ovo primordial, da divindade, do tempo cíclico que reúne o Yin-Yang. Uma maneira de tornar presente àquele que consulta o oráculo o diálogo imantado do Céu e da Terra. No oráculo do *I Ching*, homem e mulher, tal como no mito, são remetidos a um princípio energético cuja função unifica as tendências sexuais antagonistas e complementares.

O teor das experiências espirituais dos tempos antigos mostra-se hoje claramente a nós. Essas experiências se resumem no disco de jade. Esse quadrante ritual já traz em si as noções de transformação e de fecundidade, de ação e de realização. Trata-se do Céu fecundo, oráculo e bússola. Céu que é, como nos é prometido a todos descobrir, a bússola da intuição.

AS DINASTIAS MÍTICAS

Período neolítico (por volta de 6000 a.C.)
Os três soberanos: Fu Xi, Chen Nong, Yan Di
Os cinco imperadores: Huangdi, o imperador amarelo
Zhuan Xion, Ku, Yao e Shun.

AS DINASTIAS HISTÓRICAS

de 2000 a 1520 a.C.	Dinastia dos Xia
de 1520 a 1066 a.C.	Dinastia dos Shang
	Período de Zhengzhou
	Período de Anyang
de 1066 a 256 a.C.	Dinastia dos Zhou
	(história datada)
	Período dos Zhou Ocidentais
de 221 a *206* a.C.	Dinastia dos Qin
de *206* a 220 d.C.	Dinastia dos Han
de 220 a 265 d.C.	Os Três Reinos
de 265 a 420 d.C.	Dinastia dos Jin Ocidentais
de 316 a 589 d.C.	Dinastia do Norte e do Sul
de 581 a 617 d.C.	Dinastia dos Sui
de 618 a 907 d.C.	Dinastia dos Tang
de 907 a 960 d.C.	As Cinco Dinastias
de 960 a 1127 d.C.	Dinastia dos Song do Norte
de 1127 a 1279 d.C.	Dinastia dos Song do Sul
de 1260 a 1368 d.C.	Dinastia Yuan (Mongol)
de 1368 a 1644 d.C.	Dinastia dos Ming
de 1644 a 1911 d.C.	Dinastia dos Qing
	(Manchu)

OS PRINCIPAIS INVENTORES MÍTICOS
E SUAS INVENÇÕES

Fu Xi, primeiro soberano. A pesca, a domesticação dos animais e a criação do bicho da seda; os oito trigramas, os instrumentos de medição, de música e o calendário.

Nü Wa, sua irmã mais nova e sua esposa; ela inventou o casamento.

Chen Nong, segundo soberano. A agricultura, as máquinas de beneficiamento, o arado e a medicina pelas plantas.

Huangdi, primeiro imperador. A roda, o torno do ceramista, a bússola, os barcos, as armaduras.

Shun, quinto imperador. Com o seu sucessor, Yu, o controle das inundações.

Yao, quarto imperador. Graças ao seu arqueiro Yi, o controle dos ventos.

Yu, dinastia dos Xia. A fundação do sistema dinástico (em uso até 1911).

AGRADECIMENTOS

Agradecemos à Inselverlag, Frankfurt, por nos ter autorizado a reproduzir os retratos de R. Wilhelm e de Lao Naï Souan, incluídos em *"Die Seele Chinas"*, de R. Wilhelm, foto de John Dickinson. La Librairie de Médicis, pelos excertos do *I Ching, Le Livre des Transformations*, versão de Richard Wilhelm, trad. do alemão por E. Perrot, Paris, 1969.

Ao senhor E. Perrot, pelo seu encorajamento. À Dra. Irène Eber, que me falou de R. Wilhelm e de seu filho, Helmutt, sob a luz dourada de Jerusalém.

Ao senhor Henri Michaux, que, bem antes do seu falecimento, nos autorizou a publicar a sua litografia "o homem e o *I Ching*". Ao senhor Zao Wou-Ki, pelo quadro que dedicou a esta obra. Ao dr. Joseph Needham, pelo encontro particular que nos concedeu.

Ao senhor Ph. Naud, companheiro da aventura interior e das viagens à China.

BIBLIOGRAFIA

Em francês

Aubenque, Pierre, "Aristote et le Lycée", in *Histoire de la philosophie*, t. I, N.R.F., Paris, 1969.

Baldrian-Hussein, P.F., *Procédés secrets du Joyau magique*, Les Deux Océans, 1984.

Bastide, R., "La mythologie", in *Ethnologie générale*, Encyclopédie de la Pléiade, Paris, 1972.

Blofeld, John, *Le Taoïsme vivant*, Albin Michel, 1977.

Blunden, C. e Elvin, M., *Atlas de la Chine*, Nathan, 1986.

Bolen, Jean Shinoda, *Le Tao de la psychologie*, Revue de France, 1983.

Borges, J-L., *La Rose profonde, La Monnaie de fer, Histoire de la nuit*, Gallimard, N.R.F., 1983.

Caillois, Roger, *Le Mythe et l'homme*, Gallimard, Paris, 1938.

Caquot, A. e Leibovici, *La divination*, Puf, Paris, 1968.

Cassirer, E., *La philosophie et les formes symboliques*, Paris, 1972.

Cazenave, Michel, "A la recherche de la synchronicité", *in Cahiers de psychologie jungienne*, n° 29. Coletivo. *La Synchronicité, l'âme et la science, existe-t-il un ordre acausal?*, Poiesis, Paris, 1984. *Sciences et symboles, le colloque de Tsukoba*, Albin Michel-France Culture, 1986.

Charles, Georges, *Les Exercices de santé du kung fu*, Albin Michel, 1983.

Chavannes, E., *Le T'ai Chan*, Paris, 1910.

Cheng, François, *L'écriture poétique chinoise*, Seuil, 1977. *Vide et Plein*, Seuil, Paris, 1979. *Souffle-Esprit*, Seuil, Paris, 1989.

Chia, Mantak, *Energie vitale et autoguérison*, Dangles, Paris, 1984.

Confúcio, *Entretiens*, trad. de Anne Cheng, Seuil, Paris, 1981. *Les Entretiens de Confucius*, trad. Pierre Ryckmans, Gallimard, Paris, 1987. Do-Dinh P., *Confucius*, Seuil, Paris, 1986.

Dautin, J.-P., *La Méthode des enveloppes*, in Hexagrammes, Paris, 1986.

Despeux, Catherine, *Le Chemin de l'éveil*, L'asiathèque, Paris, 1981. *La Moelle du Phénix rouge*, G. Trédaniel, Paris, 1988.

Demieville, P., *Anthologie de la poèsie chinoise classique*, Gallimard, Paris, 1982.

Deshimaru, Taisen, *La Pratique du Zen*, Albin Michel, Paris, 1974.

Desportes, Serge, *L'Homme sous le ciel*, Gottschalk, Paris, 1986.

Detienne, Marcel, *L'Invention de la mythologie*, N.R.F., Paris, 1981.

Diény, J.P., *Le symbolisme du dragon dans la Chine antique*, College de France, Inst. des hautes études chinoises, Paris, 1987.

Duyvendak, J.-J.L., Tao Tö King, *Maisonneuve*, Paris, 1975.

Eberhard, W., *Dictionnaire des symboles chinois*, Seghers, 1983.

Eliade, Mircea, *Le Chamanisme et les techniques archaïques de l'extase*, Paris, 1968. *Traité d'histoire des religions*, Paris, 1964. *Forgerons et alchimistes*, Flammarion, Paris, 1977. *Histoire des croyances et des idées religieuses*, Paris, 1983. *L'épreuve du labyrinthe*, Belfond, Paris, 1985.

Elisseff, Danièle e Vadime, *La Civilisation de la Chine classique*, Arthaud, 1974.

Etiemble, *Connaissons-nous la Chine?*, Gallimard, N.R.F., Paris, 1964. *Confucius*, Gallimard, N.R.F., Paris, 1966. *L'Écriture*, Gallimard, N.R.F., Paris, 1973. *Chine, l'art et l'amour*, Nagel, 1975.

Fazzioli, Edoardo, *Caractères chinois*, Flammarion, Paris, 1987.

Fong, Yeou-Lan, *Précis d'histoire de la philosophie chinoise*, Le Mail, Paris, 1985.

Gernet, J., *Entretiens du maître de Dhyana Chen-houei du Ho-tsö*, École française d'Extrême-Orient, vol. 31, 1949. *Petits écarts et grands écarts*, in Divination et rationalité, Seuil, Paris, 1974. *Chine et Christianisme: action et réaction*, Gallimard, Paris, 1982.

Ginzburg, Carlo, *Mythes, emblèmes, traces, morphologie et histoire*, Flammarion, Paris, 1989.

Goidsenhoven, J.Van, *Héros et divinités de la Chine*, Tijdstroom Lochem, 1971.

Granet, Marcel, *La Civilisation chinoise*, Albin Michel, Paris, 1968. *La Pensée chinoise*, Albin Michel, Paris, 1968. *La Religion des Chinois*, Paris, 1922.

Grenier, J. *Entretiens sur le bon usage de la liberté*, Gallimard, Paris, 1948.

Grison, Pierre, *Le Traité de la Fleur d'Or du suprême Un*, Ed. traditionnelles, Paris, 1970.

Gulik, R. Van, *La vie sexuelle dans la Chine ancienne*, Gallimard, Paris, 1971.

Jung, Carl Gustav, *Introduction à l'essence de la mythologie* (com Ch. Kerényi), Payot, Paris, s.d. *Commentaire sur le mystère de la Fleur d'Or*, Albin Michel, Paris, 1979 (trad. E. Perrot), inclui o prefácio à edição inglesa do *I Ching* de R. Wilhelm (trad. Cary F. Baynes, Nova York-Londres, 1950-1951). *L'homme et ses symboles*, Robert Laffont, Paris, 1983. *Synchronicité et Paracelsica*, Albin Michel, Paris, 1988.

Jullien, François, *Procès ou Création, une introduction à la pensée des lettrés chinois*, Des Travaux/Seuil, Paris, 1989.

Kaltenmark, M., *Lao tseu et le taoïsme*, Seuil, Paris, 1968. "Le Taoïsme religieux", in Histoire des Religions, N.R.F., 1970. *La Philosophie chinoise*, P.U.F., col. "Que sais-je", n⁰ 707, 1978.

Lavier, Jacques, *Le Livre de la Terre et du Ciel (Les secrets du Yi King)*, Tchou, Paris, 1969.

Leroi-Gourhan, A., *L'art animalier dans les bronzes chinois*, in Revue des arts asiatiques, t. IX, n⁰ IV, 1935.

Lévi-Strauss, Claude, *La Pensée sauvage*, Plon, Paris, 1962. *Anthropologie Structurale Deux*, Plon, Paris, 1973. *La potière jalouse*, Plon, Paris, 1986.

Liou Kia-Hway, trad. dos *Philosophes Taoïstes, Lao tseu, Tchouang tseu, Lie-seu*, La Pléiade, Gallimard, 1980.

Liou Tse houa, *Cosmologie des "Pa Koua" et l'astronomie moderne*, Paris, 1940, Reed. Librairie de Médicis, Paris, 1980.

Loi, M., *Roseaux sur le mur*, Gallimard, Paris, 1974.

Lu Tsou, *Le Secret de la Fleur d'Or*, trad. Liou Tse-houe, Librairie de Médicis, Paris, 1969.

Marolleau, Jean, *La Symbologie Chinoise*, Dervy-Livres, Paris, 1978. *La Galaxie Yin-Yang*, Robert Dumas, Paris, 1975.

Martel, François, *Les Boussoles divinatoires*, Communications (19), Seuil, Paris, 1972.

Maspero, Henri, *Le Taoïsme et les religions chinoises*, Gallimard, Paris, 1971.

Mathieu, Rémi, *Étude sur la mythologie et l'ethnologie de la Chine ancienne*, t. I, texto, t. II, índice, IDHEC, Paris, 1983.

Michaux, Henri, *Un Barbare en Asie*, Gallimard, 1967. *Saisir*, Fata Morgana, Paris, 1979. *Par des Traits*, Fata Morgana, Paris, 1984.

Musat, Maurice, *Les Mouvements d'énergie en acupuncture*, ed. Le François, Paris, 1975. *Energétique des ensembles vivants*, ed. Le François, Paris, 1977.

Needham, Joseph, *La Science chinoise et l'Occident*, Seuil, Paris, 1973.

Ngo Van Xuyet, *Divination, magie et politique dans la Chine ancienne*, P.U.F., Paris, 1976.

Yüan Kuang (J. Marquès Rivière), *La Divination chinoise par le Yi King*, Véga, Paris, 1950.

Peat, David F., *Synchronicité, Le pont entre l'esprit et la matière*, Le Mail, Paris, 1988.

Perrot, Etienne, *La voie de la transformation*, Librairie de Médicis, Paris, 1970. *Des étoiles et des pierres*, La Fontaine de Pierre, Paris, 1983.

Philastre, P.L.F., *Le Yi King ou le Livre des Changements de la dynastie des Tseou*, Annales du musée Guimet, 1981. Nova edição Maisonneuve, 1975.

Pimpaneau, Jacques, *Chine, culture et traditions*, Ph. Picquier, Paris, 1988.

Rawson, P., *Tao, la philosophie chinoise du temps et du changement*, Seuil, Paris, 1973.

Ricci Institut, I Ching, Livre des mutations in *Dictionnaire français de la langue chinoise*, Kuangchi Press, 1976.

Roy, Claude, *Sur la Chine*, Gallimard, Paris, 1979. *Zao Wou-ki*, Cercle d'Art, Paris, 1988.

Ryckmans, Pierre, *Les "Propos sur la peinture" de Shitao*, Mélanges chinois et bouddhistes, IBEHC, 1970.

Ryjik Kyril, *L'idiot chinois I*, Payot, Paris, 1980. *L'idiot chinois 2, La promotion de Yu le Grand*, Payot, Paris, 1984.

Schipper, Kristopher, *Le Fen-Teng, rituel Taoïste*, École Française d'Extrême-Orient, Paris, 1975. *Le corps Taoïste*, Fayard, Paris, 1982.

Schlumberger, Jean-Philippe, *Yi King, principes, pratique et interprétation*, Dangles, Paris, 1987.

Seidel, Anna, *La Divination de Lao Tseu dans le taoïsme des Han*, École Française d'Extrême-Orient, Paris, 1969.

Strickmann, M., *Le taoïsme du Mao Chan*. Chronique d'une révélation, IDHEC, Paris, 1981.

Tchang Fong, *Recherche sur les os du Hounan et quelques caractères de l'écriture ancienne*, Paris, 1925.

Vandermeersch, L., "De la tortue à l'achillée" in *Divination et rationalité*, Seuil, Paris, 1974. *Wangdao ou La voie royale*, École française d'Extrême-Orient, Paris, 1980.

Vandier-Nicolas, Nicole, *Le Taoïsme*, P.U.F., Paris, 1965. "La Philosophie chinoise des origines au XVII^è siècle", in *Histoire de la Philosophie*, N.R.F., Paris, 1969.

von Franz, Marie-Louise, *Nombre et temps*, La Fontaine de Pierre, Paris, 1978, *Le temps, le fleuve et la roue*, Chêne, Paris, 1979. *La Psychologie de la divination, le hasard signifiant*, Poiesis, Paris, 1986.

Watts, Alan, *Le Bouddhisme zen*, Payot, Paris, 1969.

Wilber, Ken, *Les Trois Yeux de la Connaissance*, ed. Le Rocher, Paris, 1988.

Wilhelm, Richard, *Le Livre des Transformations*, trad. E. Perrot, Librairie de Médicis, Paris, 1969.

Wou King-tseu, *Chronique indiscrète des mandarins*, t. I e II, Gallimard-Unesco, Paris, 1976.

Zhao Bichen, *Traité d'alchimie et de physiologie taoïstes,* ed. Les Deux Océans, Paris, 1979.

Em chinês

Ch'in Ting Shu Ching T'u Shuo, Book of Government or Book of History, made by Imperial Order, Kwang Hsu 31 - 1905, 16 vol.

Chou I Chi Chieh, Collected Commentaries on the Book of Changes, Ed. & comm. by Li Ting Tso, T'ang, 740-900. Tshung-Shu Chi-Cheng Edition.

Chou I Chi Shuo, Collected Explanations of the Book of Changes. Ed. & comm. by Yü Yen. Yuan, 1284. Ssu Khu Chuan Shu Edition.

Chou I Chu, Commentary on the Book of Changes. Ed. & comm. by Wang Pi (Wei) and Han Khang Po (Chin). Shih-San-Ching Chu-Su Edition. Chung Hua Book Co., 1980.

Chou I pen I. The Basic Ideas of the Book of Changes. Ed. & comm. by Chu Hsi. Sung, 1197. Ssu-Pu Tshung-Khan Edition.

Chou I Tshan Thung Chi Cheng I., The Real meaning of the Kinship of the Three and the Book of Changes, Text by Wei Po Yang Han, 140. Ed. & comm. by Tung Te-Ning (Ching). Chi Yang Lou Edition, 1717.

182

Chung Kuo Ku Che Hsueh Shih. Histoire de l'ancienne philosophie chinoise. Commercial Press, Xangai, 1920.

Feng Yun Peng, Feng Yun Wan, La recherche de la Pierre d'or, Wan Yun Wu, tomo I, Mille cas. Edition Shan Wu.

Fung Yu-lan. Chung Kuo Che Hsueh Shih. Histoire de la philosophie chinoise. Commercial Press, Xangai, 1934.

Han Fei. Han Fei Tzu. Écrits. Ed. Wang Hsian-shen. Commercial Press, Taipei, 1965.

Hu Shih. Chung Kuo Chung Ku Shih Hsiang Ch'ang Pien. Edition Longhand des pensées médiévales, Séries commémoratives Hu Shih. Publications Mei-Ya, Taipei, 1971.

Kuan-Chung. Écrits de Kuan-Tzu, 122 a.C. Fang Hsuan-ling, Dynastie T'ang (578-648 d.C.). Reimpressão Cheh-chiang Book Co., 1876.

Chu Tzu K'ao Shih. Liang Ch'i-ch'ao (1873-1929). Chung-hua Book Co., Taipei, 1957.

Hsien Ch'in Cheng Chih Ssu Hsiang Shih. Une Histoire des pensées politiques de Chine en période pré-Chinoise, Commercial Press, Xangai, 1925.

Huai Nan Tzu. Liu An (122 a.C.). *Écrits*, Ed. Kao Yu (205-212 d.C.). Chung-hua Book Co., Taipei, 1966.

Chieh Tzu Yüan Chuan. Wang An-chieh and Lee Li-oon. Copies et Commentaires du Manuel de peinture: Le Jardin des graines de moutarde. Collections classées de fac-similés de vieux maîtres chinois. Ed. pelo Wen-Kwang Book Store, Hong Kong, 1956.

Han Shih Ching Chou I. Yi King, Le Livre des Transformations. *Ts'an Tsu Chi Cheng*. Litogravura do *Yi King* datando da Dinastia Han. Ed. Ch'u Wan-li. Estudos da linguagem histórica, Escritório central de estudo e de pesquisa, edição (46), Taipei, 1961.

I Ching Yun Ta I. Ed. Hsieh Meng, Dynastie Yuan. Commercial Press, Taipei, 1971.

Tao Chia Shih Tzu Hsing Pien. Taoïsme: Livres Sacrés. Par Yen Ling-Feng. Commercial Press.

Tsêng Chao-Yü, Chiang Pao-Yü & Li Chung-I, The I-Nan Tomb, China, 1956.

183

Fontes

Weber, Charles D., *Chinese Pictorial Bronze Vessels of the late Chou Period*, Artibus Asiae Publishers, Ascona, 1968; White, William Charles, *Tomb Tile Pictures of Ancient China*, University of Toronto Press, Toronto, 1939; Tseng Chao-Yu, Chiang Pao-Yu & Li Chung-I, *The I-Nan Tomb*, China, 1956; Ion Banu, *Philosophie sociale, magie et langage graphique dans le Hong-Fan*, em Tel Quel, n.º 48/49, Paris, 1972.

Selos e estampas provenientes do Art Institute of Chicago; Hunan Ningxiang Huangcai; coleção do Chinese National Palace Museum e do Central Museum, Taiwan; Museum Rietberg, Zurique; Metropolitan Museum of Art, Nova York; The Art Museum, Princeton University; Hebei Wuan Zhaoyao (Beijing).

ÍNDICE DAS ILUSTRAÇÕES

Prancha da página 30, carapaça de tartaruga, Academia Sinica, e caldeirão, Musée Archéologique de Shangai.

Ilustrações dos temas

Pranchas das páginas 36, 40, 41, 50, 58, 59, 62, 79, 91, 95, 96, 102, 114, 125, estampilhas colocadas nos caldeirões Shang e Zhou.

Pranchas das páginas 70, 78, 82, 98, 104, 105, 112, 113, 122, 123, 124, 135, 136, 138, 139, 140, 145, motivos de caldeirões Shang e Zhou.

Prancha da página 105, estampa de um jade da Dinastia Shang.

Pranchas das páginas 43, 52, 65, 68, 69, 85, 100, 111, 118, 119, 120, 121, 131, 134, estampas de pedras tumulares da Dinastia Han.

Prancha da página 109, desenho de uma porcelana Qing.

Prancha da página 171, bússola geomântica, coleção Musée de l'Homme, Paris.

Richard Wilhelm

I CHING
O Livro das Mutações
Prólogo de C. G. Jung

Depois de amplamente divulgada em alemão, inglês, francês, italiano e espanhol, aparece pela primeira vez em português a mais abalizada tradução deste clássico da sabedoria oriental — o *I Ching*, ou *Livro das Mutações* —, segundo a versão realizada e comentada pelo sinólogo alemão Richard Wilhelm.

Tendo como mestre e mentor o venerável sábio Lao Nai Haüan, que lhe possibilitou o acesso direto aos textos escritos em chinês arcaico, Richard Wilhelm pôde captar o significado vivo do texto original, outorgando à sua versão uma profundidade de perspectiva que nunca poderia provir de um conhecimento puramente acadêmico da filosofia chinesa.

Utilizado como oráculo desde a mais remota antiguidade, o *I Ching*, considerado o mais antigo livro chinês, é também o mais moderno, pela notável influência que vem exercendo, de uns anos para cá, na ciência, na psicologia e na literatura do Ocidente, devido não só ao fato de sua filosofia coincidir, de maneira assombrosa, com as concepções mais atuais do mundo, como também por sua função como instrumento na exploração do inconsciente individual e coletivo.

C. G. Jung, o grande psicólogo e psiquiatra suíço, autor do prefácio da edição inglesa, incluído nesta versão, e um dos principais responsáveis pelo ressurgimento do interesse do mundo ocidental pelo *I Ching*, resume da seguinte forma a atitude com a qual o leitor ocidental deve se aproximar deste *Livro dos Oráculos*:

"O I Ching não oferece provas nem resultados; não faz alarde de si nem é de fácil abordagem. Como se fora uma parte da natureza, espera até que o descubramos. Não oferece nem fatos nem poder, mas, para os amantes do autoconhecimento e da sabedoria — se é que existem —, parece ser o livro indicado. Para alguns, seu espírito parecerá tão claro como o dia; para outros, sombrio como o crespúsculo; para outros ainda, escuro como a noite. Aqueles a quem ele não agradar não têm por que usá-lo, e quem se opuser a ele não é obrigado a achá-lo verdadeiro. Deixem-no ir pelo mundo para benefício dos que forem capazes de discernir sua significação."

EDITORA PENSAMENTO

O I CHING E OS MISTÉRIOS DA VIDA

Martin Schönberger

Neste livro, que analisa a biologia moderna à luz de uma antiga sabedoria chinesa, o autor nos apresenta uma idéia ainda não conjecturada de que a antiquíssima filosofia natural chinesa do *I Ching* é anterior a uma das mais sensacionais descobertas da nossa época, o Código Genético.

O médico dr. Martin Schönberger descobriu grande número de semelhanças e de identidades entre esses dois sistemas, o que o levou a defender a tese de que ambos os enunciados nada mais são que uma única e mesma idéia formulada de maneira diferente e que os resultados da mais moderna pesquisa científica são, em grande escala, idênticos às idéias básicas do Budismo.

EDITORA PENSAMENTO

I CHING ILUMINADO

Judy Fox
Karen Hugues
John Tampion

O *I Ching* ou *Livro das Mutações*, um dos livros mais antigos que se escreveram no mundo, é até hoje consultado diariamente por milhares de pessoas como um amigo, um guia. Suas respostas, apoiadas nas inevitáveis leis da natureza e na sabedoria de gerações e gerações da humanidade, constituem uma orientação segura e eficiente.

Para muitos leitores, contudo, havia um problema que os impedia de apreciar o significado do *I Ching*: o fraseado obscuro, que dificultava a sua compreensão, deixando assim de beneficiar milhares de pessoas.

A atual transcrição remove esse problema. O acesso ao texto foi conseguido mediante o método das "três moedas" e a redação dos conceitos essenciais de cada hexagrama foi completamente modificada para tornar a sabedoria do *I Ching* mais acessível a um maior número de pessoas.

As imagens tiradas da natureza, que constituem uma parte tão essencial do *I Ching* por contribuírem grandemente para o seu significado mais profundo, foram conservadas de um modo único nesta versão, na qual o significado dos hexagramas é representado pictoricamente.

Seja qual for o problema, o *I Ching* oferece uma orientação preciosa. Não se exige nenhuma crença especial num Deus, pois o *I Ching* é compatível com todas as religiões. Com sua ajuda, as resoluções que temos de tomar tornam-se claras.

A despretensiosa transparência do texto, junto com a alta qualidade dos desenhos, fazem deste livro não só um guia prático para a vida, mas algo que se tem o prazer de possuir.

EDITORA CULTRIX

A SABEDORIA DO I CHING

Richard Wilhelm

O *I Ching* — *Livro das Mutações* — é o mais antigo livro da China e, ao mesmo tempo, um dos mais atuais. Sua sabedoria de vida atinge grande número de pessoas; sua forma não-causal de pensamento influenciou muitos artistas e filósofos do Oriente e do Ocidente.

O que nos fascina nesse livro é o fato de ele responder à pergunta mais persistente do nosso dia-a-dia: "O que devo fazer?" Consultado como oráculo — através do uso de varetas ou de moedas comuns — ele pode nos dizer como devemos agir numa determinada situação. O *I Ching* não revela um futuro predeterminado; na forma de imagens, ele mostra ao consulente o presente e o rumo que está sendo tomado pelos acontecimentos: o da transformação.

Nos seus 64 hexagramas ou "imagens", constrói-se uma fórmula genial do mundo: de um lado, um sistema de categorias cuidadosamente selecionado; de outro, uma compreensão intuitiva do mundo, a tentativa de percebê-lo através da energia que determina o seu ritmo.

* * *

Dentre os preciosos trabalhos do orientalista alemão Richard Wilhelm, a Editora Pensamento já publicou o *I Ching — Livro das Mutações*, com introdução de C.G. Jung, e o *Tao-te King* de Lao Tzu, considerado a mais alta expressão do pensamento chinês.

EDITORA PENSAMENTO